Harald Seitz

Die Verwaltung geht in das Internet

Ist es hinsichtlich der unterschiedlichen Möglichkeiten der Bürger das Internet nutzen zu können gerecht und sinnvoll, Verwaltungsinformationen, -interaktionen und -transaktionen über das Internet anzubieten?

GRIN Verlag

Bibliografische Information der Deutschen Nationalbibliothek:

Die Deutsche Bibliothek verzeichnet diese Publikation in der Deutschen National-
bibliografie; detaillierte bibliografische Daten sind im Internet über http://dnb.d-
nb.de/ abrufbar.

Impressum:

Copyright © 2010 GRIN Verlag GmbH
Druck und Bindung: Books on Demand GmbH, Norderstedt Germany
ISBN: 978-3-656-16218-6

Dieses Buch bei GRIN:

http://www.grin.com/de/e-book/190935/die-verwaltung-geht-in-das-internet

Die Verwaltung geht in das

Internet

Untersuchungsfrage:

Ist es hinsichtlich der unterschiedlichen Möglichkeiten der Bürger das Internet nutzen zu können gerecht und sinnvoll, Verwaltungsinformationen, -interaktionen und -transaktionen über das Internet anzubieten?

von

Harald Seitz

Wortanzahl: 10.069 im Textteil
WS 2009/2010

Hochschule für Wirtschaft und Recht Berlin

Studiengang: Master of Public Administration

Das Internet

Untersuchungsfrage:

Ist es hinsichtlich der unterschiedlichen Möglichkeiten der Bürger das Internet nutzen zu können gerecht und sinnvoll, Verwaltungsinformationen, -interaktionen und -transaktionen über das Internet anzubieten?

1. Einleitung mit einem Aufgreifen des Fallbeispiels und einer Erläuterung der Herangehensweise an das Thema

Das Rahmenthema ist das Internet.

Bevor man sich mit diesem Thema beschäftigt, muss man sich vergegenwärtigen, was das Internet ist. Das Wort „Internet" besteht aus zwei Teilen: „Inter" und „net". „Inter" ist das lateinische Wort für „zwischen", wird hier aber für die englische Abkürzung „interconnected" verwendet, was so viel wie „zwischenverbinden" heißt.[1] „net" ist die englische Abkürzung für „networking" und bedeutet „vernetzen".[2] Zusammengesetzt bedeutet „Internet" die dezentrale Vernetzung zwischen zentralen Computernetzen. Das Internet setzt sich aus vielen Funktionen zusammen. Eine davon ist das „world wide web" (www), das digitale Dokumente austauscht und größtenteils der Informationsabfrage dient. Ein weiterer wichtiger Dienst ist das elektronische Postsystem „e-mail", das das Schreiben, Empfangen und Versenden von Nachrichten beinhaltet. Außerdem gibt es noch andere Dienste wie z. B. „news", „chats"[3], „telnet", „gopher", „finger", „NTP" u. a., die hier allerdings nicht weiter erklärt werden sollen, da sie für diese Untersuchung nicht relevant sind.[4] Die Verwaltung kann das Internet für verschiedene Dienste, die sie den Bürgern anbietet, nutzen. Diese Verwaltungsdienstleistungen können über das Internet in drei unterschiedliche Qualitäten eingeteilt werden: Die Information, Interaktion und Transaktion. Diese drei Begriffe werden unter dem Punkt 3.2. definiert.

Anfangs wird auf das Fallbeispiel eingegangen. Danach wird die Herangehensweise zur Beantwortung der folgenden zugespitzten Frage ausführlich erläutert: Ist es hinsichtlich der unterschiedlichen Möglichkeiten der Bürger das Internet nutzen zu können gerecht und sinnvoll, Verwaltungsinformationen, -interaktionen und -transaktionen über das Internet anzubieten?

---

[1] www.seo-united.de/glossar/internet/, abgefragt am 30.01.2010
[2] http://www.phil-fak.uni-duesseldorf.de/mmedia/web/index1.html, abgefragt am 30.01.2010, Geschichte des Internet-Definition von „Internet"
[3] Scholz, Stefan, Internet-Politik in Deutschland, Vom Mythos der Unregulierbarkeit, Bonn 2004, S. 314, Definition des Wortes „chat", das in einem späteren Zusammenhang nochmals vorkommt: Mit „chatten" wird eine Unterhaltung im Internet bezeichnet, die über die Tastatur erfolgt. „Chatter", also Menschen, die miteinander „chatten", treffen sich in einem „Chat-Room" oder einem „Chat-Channel", um über ein Thema zu reden.
[4] http://www.symweb.de/glossar/internet_153.htm, abgefragt am 30.01.2010

<u>Zum Fallbeispiel:</u>

Bei den Maßnahmen des Abteilungsleiters für den Gang in das Internet sind zwei Aussagen besonders bemerkenswert. Auf eine wird am Schluss der Arbeit unter Punkt 4 wertend eingegangen. Dies ist zum einen der Verzicht auf alle gedruckten Broschüren, da alle relevanten Informationen in das Internet eingestellt werden sollen. Zum anderen die Zurverfügungstellung eines Mitarbeiters für „Notfallfragen".

Desweiteren unterstellt der Abteilungsleiter, dass die Menschen in der heutigen Zeit über das Internet mit ihrer Verwaltung in Kontakt treten wollen. Diese Unterstellung muss in der Arbeit untersucht und überprüft werden.

Diese Arbeit beschränkt sich dabei auf die Untersuchung folgender Hauptbegriffe;

Gerechtigkeit und Sinnhaftigkeit (beim Gang der Verwaltung in das Internet).

Es ist durchaus nachvollziehbar, dass der Abteilungsleiter das Internet nutzen möchte, um eventuell Rationalisierungseffekte erzielen zu können. Diese Effekte sieht er sowohl bei einer geringeren Anzahl von Mitarbeitern (Einsparung des teuersten Kostenfaktors Personal) als auch einer niedrigeren Arbeitsintensität verwirklicht. Der Internetgang soll helfen, die Arbeiten der Verwaltung und deren Mitarbeiter zu erleichtern und diese effizienter und effektiver zu machen. In diesem Zusammenhang bedeutet Effizienz, dass sich durch die „Bürgerbeteiligung" in spe die Lage derselben vorteilhafter gestaltet, ohne dass einerseits der Machteinfluss der Verwaltung (und Politik?) schwindet und ohne dass andererseits die finanziellen und zeitlichen Kosten der Verwaltung ansteigen[5].

Es stellt sich die Frage, welchen Nutzen ein Gang in das Internet wirklich hat. Ist es sinnvoll dem Bürger Verwaltungsdienstleistungen über das Internet anzubieten? Wichtig scheint hier zu sein, ob die Bürger den Dienstleistungsweg über das Internet annehmen.

---

[5] Lachmann, Werner, Volkswirtschaftslehre 1, Berlin u. a. 2006, S. 177

3

Die politische Entscheidung, eine Behördenwebsite zu errichten, wurde bereits vor Jahren getroffen. Es besteht aber ein großer Unterschied zwischen einer reinen „Behördenwebsite" und „Transaktionen im Internet" – wie sie die Maßnahmen des Fach-Abteilungsleiters vorsehen. Eine reine Behördenwebsite enthält hauptsächlich Informationen, wenig, vielleicht einige Interaktionen und einen nur sehr geringen Anteil an Transaktionen (den geringsten). Dies ist heute so und kann sich natürlich zukünftig ändern. Bei Transaktionsmechanismen handelt der Bürger selbst aktiv über das Internet. Die Begriffe Information, Interaktion und Transaktion werden – wie bereits angedeutet - an späterer Stelle (unter Punkt 3.2.) aufgegriffen, und erläutert, was man darunter genau versteht. Aufgrund der Untersuchung der Argumente im Hauptteil (Punkte 2 und 3) müssen erzielte Ergebnisse mit den Fragen zum Fall in Verbindung gebracht werden, um diese dann beantworten zu können.

Was haben die Untersuchungen und der Fall mit dem Wissensgebiet der Politik zu tun? Hier muss zuerst einmal definiert werden, was Politik ist. Die Politik wird definiert als soziales Handeln, welches auf Entscheidungen und Steuerungsmechanismen ausgerichtet ist, die allgemeinverbindlich sind und das Zusammenleben von Menschen regeln[6]. Soziales Handeln wiederum bedeutet, dass das Handeln eines Menschen in direkter Verbindung zum Handeln eines oder mehrerer Menschen steht. Dieses soziale Handeln ist somit vorwiegend interaktiv. Politisch wird dieses soziale Handeln erst dann, wenn es auf verbindliche Entscheidungen hinwirkt.

Im Fallbeispiel entscheidet ein Verwaltungsabteilungsleiter, dass die Verwaltung in das Internet geht. Diese Entscheidung hat Auswirkungen auf die Bürger. Durch seine Anmerkung, dass die politische Entscheidung, eine Behördenwebsite zu errichten bereits vor Jahren gefallen ist, und die politische Leitung/zuständige Ministerin deshalb nicht involviert werden muss, versucht er, die politische Leitung und die verantwortliche Ministerin zu umgehen.

---

[6] http://www.ib.ethz.ch/teaching/pwgrundlagen/glossar.de, abgefragt am 18.01.2010, Definitionen von Politikbegriffen

In diesem institutionellen Bereich (Polity) kommt es immer wieder zu Schnittpunkten zwischen den Akteuren der Politik und der Verwaltung. Diese treten im Fallbeispiel als politische Leitung/amtierende Ministerin einerseits und Fachabteilungsleiter der Verwaltung andererseits auf. Wenn eine Entscheidung der Politik bereits gefallen wäre, dann wären eventuell mögliche Prozesse der politischen Gestaltung, die die Willensbildung umfassen, bereits erledigt gewesen. In dem Fallbeispiel befindet sich der Abteilungsleiter in der Umsetzung der Maßnahme (Politics). Die dazu notwendigen Aufgaben und Ziele müssen von der Politik vorgegeben werden (Policy). In einer repräsentativen Demokratie - die in Deutschland herrscht - treffen die vom Volke gewählten Repräsentanten im Parlament die politischen Entscheidungen. Die Aufgabe der Politikwissenschaft ist nun die Verhaltensweisen, Entscheidungsprozesse der Akteure und die Entscheidungen selbst auf deren Richtigkeit hin zu analysieren.

Hierfür ergeben sich verschiedene Fragen:

Warum handelt der Abteilungsleiter so, wie er handelt? Vielleicht möchte er nicht, dass die politische Leitung/die Ministerin die Anerkennung für die Modernisierungsmaßnahme „Gang in das Internet" bekommt, und versucht sie deshalb zu umgehen. Als Motiv käme für ihn in Frage, dass er einer anderen Partei als der der amtierenden Ministerin angehört und sich selbst im kommenden Jahr zur Wahl stellen will. Vielleicht will er als Modernisierer der Verwaltung gelten. Seine Absicht bleibt verborgen.

Weitere Fragen schließen sich an:

Welches Interesse verfolgt der Verwaltungsleiter mit dem Gang in das Internet? Wie werden diese Ziele verfolgt? Im Fallbeispiel heißt es, dass alle Informationen in das Internet eingestellt werden sollen. Es soll auf alle gedruckten Broschüren verzichtet werden. Dies bedeutet explizit, dass es für die Bürger keine Alternativinformationen geben soll. Dies hätte mit Sicherheit Beschwerden seitens einiger Bürger zur Folge.

Zur Untersuchungsfrage: Die Untersuchungsfrage ist eine übergeordnete These, die in dieser Arbeit das Untersuchungsfeld und die Reichweite des Themas definiert. Damit grenzt die Untersuchungsfrage das Thema von anderen möglichen Fragen streng ab. Da die Untersuchungsfrage eine gewisse Relevanz in der realen Welt besitzen soll, wurde auch auf die Sinnhaftigkeit eines Internetauftritts der Verwaltung eingegangen.

Das Phänomen „Internet" zu untersuchen, kann durch zwei Herangehensweisen beschrieben werden und geschehen: Hermeneutisch und/oder empirisch-analytisch.

Es wurde die empirisch-analytische Methode gewählt. Die empirisch-analytische Methode der Sozialwissenschaft versucht die Wirklichkeit zu erklären und Lösungen vorzuschlagen. Die potentiellen Lösungen resultieren aus den getroffenen Aussagen, die so lange gültig sind, bis sie widerlegt werden. Um Aussagen treffen zu können, werden Hypothesen formuliert und empirischen Tests unterzogen[7]. Tatsachenurteile sollen dabei von Werturteilen getrennt werden. Dies ermöglicht eine möglichst wertfreie Untersuchung.[8] Mit der empirisch-analytischen Methode kann somit die Neutralität besser gewahrt werden, da es hier auf exakte, valide und reliabile Daten ankommt. Diese Daten sind fassbarer. Die „Theorien, die immer Hypothesen sind, ... (können) kritisch überprüft, widerlegt oder korrigiert werden." Durch sie sollen Erkenntnisgewinne erzielt werden. Diese Erkenntnisgewinne bestehen entweder in einer Falsifizierung oder in einer vorläufigen Bestätigung. „Eine Bestätigung ist deshalb nur vorläufig, weil nie ausgeschlossen werden kann, dass ... die Hypothesen bei einem weiteren empirischen Test falsifiziert werden."[9] Bei der hermeneutischen Methode ist die Gefahr größer, dass eine bereits vorher gefertigte Meinung in die Bewertung der zu untersuchenden Argumente mit einfließt.

Es soll bewertet werden, ob es hinsichtlich der unterschiedlichen Möglichkeiten der Bürger das Internet nutzen zu können gerecht und sinnvoll ist,

---

[7] Günig, Rudolf u. a., Entscheidungsverfahren für komplexe Probleme, ein heuristischer Ansatz, Berlin u. a. 2009, S. 47

[8] http://www.postmoderne-politikwissenschaft.de, abgefragt am 03.02.2010, Wissenschaftstheorie in der Politikwissenschaft

[9] Günig, Rudolf u. a., Entscheidungsverfahren für komplexe Probleme, ein heuristischer Ansatz, Berlin u. a. 2009, S. 47

Verwaltungsinformationen, -interaktionen und -transaktionen auch über das Internet anzubieten. Dazu wird zuerst ein Kriterienkatalog entwickelt. Es wurden drei Kriterien der Gerechtigkeit und drei Kriterien der Sinnhaftigkeit des Ganges in das Internet aufgestellt. Danach wurden Daten zu diesen Kriterien gesucht.

Beim Thema

- der finanziellen Möglichkeiten war dies der Zusammenhang zwischen Einkommen und Internetnutzung.
- des „Know-how" der Zusammenhang zwischen Bildungsstand und Internetnutzung.
- der generellen Möglichkeit der Internetnutzung war es der Zusammenhang zwischen der Möglichkeit der Internetnutzung und der tatsächlichen Internetnutzung.
- der Nutzensteigerung durch Kostensenkungen für die Verwaltung lagen keine allgemein validen Daten vor.
- der Nutzensteigerung durch Serviceverbesserungen für die Bürger und dadurch bedingte größere Kundenzufriedenheit wurden Daten einer Befragung der Bürger herangezogen.
- „Akzeptanz" für Produkte, wie z. B. Transaktionen, wurde eine Befragung der Bürger herangezogen, die allerdings einen geringen Aussagewert hat. Der Aussagewert beruht nämlich auf sehr geringen Fallzahlen (zu wenige Transaktionen seitens der Bürger).

In der Arbeit wurden ausschließlich Sekundärdaten erhoben.

Anhand dieser objektiv ermittelbaren Fakten wurde untersucht, inwieweit es gerecht und sinnvoll für die Bürger und den Staat ist, dass die Verwaltung in das Internet geht.
Für jedes Argument wurde eine Hypothese aufgestellt. Diese Hypothesen sollen in der Arbeit getestet werden.

Es werden folgende Hypothesen aufgestellt:
Ist es richtig, dass

- ein geringer Teil der ärmeren und weniger intelligenteren Bürger das Internet nutzt et vice versa?
- die Internetakzeptanz der Bürger bei Transaktionen nicht gegeben ist?

Fraglich ist, ob

- jeder Bürger die Möglichkeit der Nutzung des Internets hat und deshalb der Gang in das Internet gerecht ist? Haben die Verwaltung und der Bürger jeweils einen Nutzen vom Internetgang?

Ist davon auszugehen, dass

- der Kundenservice für die Bürger mit größerer Internetpräsenz der Verwaltung steigt (und die Entbürokratisierung und Verwaltungsvereinfachung dadurch schneller voranschreitet)?

Ist es naheliegend, dass

- durch den Internetauftritt Kostensenkungen zu erwarten sind?

Schließlich erfolgt abschließend im Resümee eine Beurteilung der Ergebnisse im Lichte der Bewertungskriterien. Dabei muss auch festgestellt werden, ob die vorher angenommenen Hypothesen stimmen oder nicht. Dadurch soll – wie bereits angedeutet - ein Erkenntnisgewinn erreicht werden.

Noch eine Anmerkung zu den Sekundärdaten: Sekundärdaten sind Daten, die im Rahmen anderweitiger Untersuchungen bereits sichergestellt sind[10]. Diese Sekundärdaten werden zur Beantwortung der zu bearbeitenden Fragen genutzt. Die empirisch-analytische Vorgehensweise muss sich auf diese Sekundärdaten stützen, weil der Zeitaufwand zu groß wäre, die Daten durch Befragungen selbst zu ermitteln.

---

[10] http://www.ib.ethz.ch/teaching/pwgrundlagen/glossar, abgefragt am 18.01.2010, Definitionen von Politikbegriffen

8

2. Argumente der Gerechtigkeit

2.1. Viele arme Bürger können sich das Internet und die dazugehörige Technikausstattung finanziell nicht leisten. Sie werden dadurch vom Internet ausgeschlossen.

Hypothese: Je ärmer die Bürger sind, desto geringer ist der Anteil der Internetnutzung.

Die im Internet bekannten Netzpessimisten behaupten, dass ein allgemeiner Netzzugang nicht nur speziell für die Unterschicht, sondern auch für die älteren Menschen aufgrund von finanziellen Gründen nicht oder langsamer als bei der Oberschicht eingerichtet werden kann[11]

Deutschlandweit kann man diesen Argumenten ad hoc nicht zustimmen, weil gebrauchte Computer bereits für einen sehr niedrigen Preis erhältlich sind (ökonomischer Aspekt)[12], deshalb wird diese Aussage im Folgenden näher beleuchtet.

Zu den Untersuchungen:

Die Untersuchungen anhand von objektiv ermittelten Fakten zielen darauf ab, die Hypothese als richtig/wahr oder falsch/unwahr einzuordnen.

Die Sekundärdaten zur Untersuchung der Hypothese kann den Daten der Initiative D 21 entnommen werden. Die Studie der Initiative D21 wurde von TNS Infratest durchgeführt. Das Resultat ist der sog. (N)ONLINER Atlas 2009. Der (N)ONLINER Atlas 2009 stellt eine Topographie des digitalen Grabens durch Deutschland dar. Hier wird untersucht, wer, wie lange das Internet nutzt bzw. wie hoch der Anteil der Nichtnutzer ist. In diesem Atlas wurde auch untersucht, wie sich die Nutzung bzw. Nichtnutzung in Deutschland regional und strukturell verteilt.[13]

---

[11] Winkel, Olaf, Die Kontroverse um die demokratischen Potentiale der interaktiven Informationstechnologien – Positionen und perspektiven. In: Publizistik, Heft 2, 2001, 46. Jhrg., S. 151
[12] Ders., S. 151
[13] www.initiatived21.de, Initiative D21, (N)ONLINER Atlas 2009

Es werden drei Personengruppen unterschieden: Onliner, Offliner und Nutzungsplaner. Als Onliner werden die Bürger bezeichnet, die das Internet nutzen. Der Ort und Grund der Nutzung sind dabei unabhängig. Offliner hingegen sind Nichtnutzer ohne Nutzungsplanung. Nutzungsplaner wiederum sind Nichtnutzer, die aber die Absicht haben, innerhalb des nächsten Jahres das Internet zu nutzen.[14]

Methodensteckbrief zum (N)ONLINER Atlas 2009:
Es wurde eine Stichprobe unter der deutschen Bevölkerung ab dem 14. Lebensjahr gemacht. Hierbei wurden 30.702 Interviews repräsentativ ausgewertet. Die Auswahl fand nach dem Zufallsverfahren statt. Die Erhebung wurde durch computergestützte Telefoninterviews durchgeführt (CATI = Computer Assisted Telephone Interviews). Der Zeitraum der Untersuchung war vom 09.02. - 13.05.2009.[15]

2009 (Angaben in %)			
Basis (=100 %)	Onliner	Nutzungsplaner	Offliner
30.702	69,1	4,3	26,6

Onliner   Nutzungsplaner   Offliner

---

[14] www.initiatived21.de, Initiative D21, (N)ONLINER Atlas 2009, S. 9
[15] Dies., S. 9

Jahr	Onliner	Nutzungsplaner	Offliner
2008	65,1 %	4,9 %	29,9 %
2009	69,1 %	4,3 %	26,6 %

Onliner-Anteil:

Jahr	14 - 29 Jahre	30 - 49 Jahre	50+ Jahre
2008	91,3 %	81,5 %	40,3 %
2009	94,5 %	85,0 %	44,9 %

Quelle: (N)ONLINER Altlas 2009

69,1 % der deutschen Bevölkerung nutzten das Internet. Das entspricht einer Bevölkerungsanzahl von 46,3 Millionen Menschen in Deutschland[16]. Der Anteil der Onliner ist um 4 % zum Vorjahr gestiegen. Der Offliner-Anteil liegt bei 26,6 % und der Anteil der Nutzungsplaner bei 4,3 %. Dies bedeutet, dass ca. ein Drittel der Deutschen das Internet nicht nutzt[17]. Auffällig ist, dass der Anteil der Menschen ab dem 50. Lebensjahr nur bei 44,9 % liegt, aber den größten Zuwachs in den letzten zwei Jahren erhielt. Aus einer anderen Statistik des (N)ONLINER Altlas 2009 geht hervor, dass bei den 60jährigen und älter nicht einmal die Hälfte im Internet vertreten ist. Dagegen beträgt der Anteil bei den 14 - 29jährigen 94,5 % und bei den 30 - 49jährigen 85 %. Auch festzustellen ist, dass in den neuen Bundesländern der Onliner-Anteil am niedrigsten ist. Letzter Platz ist Sachsen-Anhalt mit 60,7 % Onliner-Anteil, gefolgt von Mecklenburg-Vorpommern mit 61,9 %.[18]

Was sagen diese Ergebnisse aus? Sie besagen, dass der Anteil der Deutschen die in das Internet gehen zwar gestiegen ist und, dass - aus welchen Gründen auch immer - die ältere Bevölkerung ab dem 50. Lebensjahr und die ostdeutsche Bevölkerung im

---

[16] www.initiatived21.de, Initiative D21, (N)ONLINER Atlas 2009, S. 5
[17] Dies., S. 6
[18] Dies.

11

Internet unterrepräsentiert ist. Eine digitale Integration ist nicht vorhanden. Es stellt sich die Frage, welcher Anteil der ärmeren Bevölkerung zu den Offlinern gehört?

In einer Erhebung des Statistischen Bundesamtes im Jahre 2009 wurde auf die Internetnutzung von Personen nach der sozialen Stellung eingegangen. In der Erhebung wurden Personen befragt, die zum Stichtag, 31. März 2009, 10 Jahre und älter waren. Hinsichtlich einer Erwerbstätigkeit und des Bildungsstandes wurden nur Personen befragt, die älter als 16 Jahre alt waren. Es wurden 20.954 Personen erfasst. Auf die Frage der fast täglichen Nutzung des Internets in den letzten drei Monaten (Häufigkeit) wurde Folgendes angegeben: 66 % der Erwerbstätigen, 86 % der Schüler und Studierenden, 45 % der Arbeitslosen und 22 % der Rentner und anderen nicht erwerbstätigen Personen nutzen das Internet fast täglich.

Lfd. Nr.	Gegenstand der Nachweisung	Personen insgesamt[1]	Davon nach der sozialen Stellung			
			Erwerbstätige[2]	Arbeitslose	Schüler und Studierende	Rentner und andere nichterwerbs- tätige Personen[3]
1	Erfasste Personen (Anzahl)	20 954	10 935	1 064	2 047	6 908
2	Hochgerechnete Personen (1 000)	69 600	37 768	3 422	4 419	23 991

Personen in %

	Nutzung des Internets in den letzten drei Monaten Durchschnittliche Nutzung					
3	jeden Tag oder fast jeden Tag	51	66	45	86	22

Quelle: Statistische Bundesamt, Fachreihe 15 Reihe 4, IKT 2009

Die Schüler und Studierenden dürfen hier nicht berücksichtigt werden, da sie finanziell meist vom Haushalt ihrer Eltern abhängig sind. Es fällt auf, dass die Nutzung des Internets bei Arbeitslosen und bei älteren Personen ab einem bestimmten Lebensalter, z.B. Rentner oder nicht erwerbstätigen Personen, unterrepräsentiert ist. Diese Statistik sagt etwas über die generelle Nutzung des Internets aus. Dies reicht für die Beantwortung der Frage, ob die Hypothese richtig oder falsch ist, nicht aus. Die Untersuchung muss anhand objektiv ermittelter Fakten darauf abzielen, die Frage zu beantworten, ob der Anteil der ärmeren Bürger ohne Internetzugang größer ist als der der reicheren Bürger. Außerdem, ob der Anteil der Internetnutzung mit zunehmendem „Reichtum" prozentual ansteigt.

Hierzu muss zuerst einmal definiert werden, welcher Personenkreis als arm bezeichnet werden kann. Dies ist notwendig, um Missverständnisse, die aus einem unterschiedlichen Verständnis ein und desselben Begriffes resultieren, zu vermeiden. Der Begriff „Armut" wird auch als Variable oder Konzept bezeichnet. Die Variable heißt deshalb so, weil sie in ihren Werten veränderbar ist, d. h. variieren kann. Was früher als arm galt, ist jetzt anders definiert und muss zukünftig fortgeschrieben und angepasst werden. In der Hypothese ist das Konzept der Armut genannt. Was heißt Armut? Wer gilt ab wann als arm?

Nach dem Armuts- und Reichtumsbericht der Bundesregierung bedeutet Armut die Ungleichheit von Lebensbedingungen und die Ausgrenzung von einem gesellschaftlich akzeptierten Lebensstandard. Vereinfacht ausgedrückt: Die Armut ist ein Leben am Existenzminimum. Dieses Konzept muss messbar sein und durch geldbetragliche Grenzen skaliert werden.[19] Ab wann fängt die Armut an und ab wann endet sie?

Die Messgröße liegt in der Höhe des Nettoeinkommens. Erhält ein Bürger Sozialhilfe oder Arbeitslosengeld II, dann gilt er als arm – in diesem Sinne. Der Regelsatz der Sozialhilfe lag im Jahr 2009 bei ca. 360 Euro netto p. m.[20]. Hinzu kommt nochmals in etwa der gleiche Betrag für Wohnkosten. Es ergibt sich somit ein Betrag von ca. 720 Euro netto p. m.. Da die Grundsicherung von einem höheren Betrag ausgeht, kann man das Existenzminimum bei arbeitenden Personen bei einem monatlichen Nettobetrag von 1.100 Euro netto p. m. ansetzen (zusätzlich zu den 720 Euro netto p. m. kommen nochmals 380 Euro netto p. m. zum Leben dazu). Diese Höhe stellt die Armutsgrenze bei den Untersuchungsergebnissen dar.

---

[19] Bundesministerium für Arbeit und Soziales (Hrsg.), Übersicht über das Sozialrecht, Bonn 2009, S. 707
[20] Ders., S. 724

Dafür muss eine andere Statistik des Statistischen Bundesamtes herangezogen werden[21].

Die Daten wurden von den statistischen Ämtern der Länder gesammelt und diese im Stichprobenverfahren ermittelt. Ausgewählt wurden die Haushalte nach dem Quotenverfahren. Die Vorgaben zu den Quoten wurden aus dem Mikrozensus 2007 abgeleitet. Die Ergebnisse der Stichproben wurden dann auf die Haushalte hochgerechnet. Bei der Befragung des monatlichen Haushaltsnettoeinkommens wurden 11.729 Haushalte erfasst. Die amtlichen Ergebnisse wurden am 03.12.2009 veröffentlicht.[22]

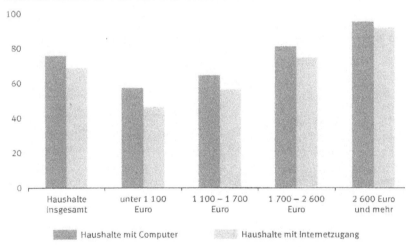

Abb 2.1 Computer- und Internetausstattung von privaten Haushalten 2008 nach dem monatlichen Haushaltsnettoeinkommen in %

Ergebnisse der Erhebung zur Nutzung von IKT in privaten Haushalten. – Monatliches Haushaltsnettoeinkommen nach Selbsteinschätzung des Haushalts.

Quelle:
Statistisches Bundesamt, Informationsgesellschaft in Deutschland, Wiesbaden 2009

---

[21] www.destatis.de, abgefragt am 15.01.2010, Statistisches Bundesamt (Hrsg.), Wirtschaftsrechnungen, Private Haushalte in der Informationsgesellschaft – Nutzung von Informations- und Kommunikationstechnologien, Wiesbaden 2009
[22] Statistisches Bundesamt, Informationsgesellschaft in Deutschland, Wiesbaden 2009

Welche Grenzen wurden beim monatlichen Haushaltsnettoeinkommen festgesetzt?

Es wurden vier Gruppen gebildet:

- Bis 1.100,
- von 1.100 bis unter 1.700,
- von 1.700 bis unter 2.600,
- ab 2.600 Euro Haushaltsnettoeinkommen p.m. aufwärts.

Ergebnisse:

Die Haushalte ohne Computer betrugen bei einem monatlichen
Haushaltsnettoeinkommen bis 1.100 Euro 41 %. Von 1.100 Euro bis unter 1.700
Euro 31 %, von 1.700 bis unter 2.600 Euro 18 % und ab 2.600 Euro und mehr nur 4
%. Bei einem monatlichen Haushaltsnettoeinkommen bis 1.100 Euro hatten von den
59% Bürgern mit Computer nur 51 % einen Internetzugang und der Rest nicht. Bei
einem monatlichen Haushaltsnettoeinkommen ab 2.600 Euro und mehr hatten von
den 96% Bürgern mit Computer 93 % einen Internetzugang und nur 7 % keinen.

Lfd. Nr.	Gegenstand der Nachweisung	Haushalte insgesamt	Davon nach dem monatlichen Haushaltsnettoeinkommen von ... bis unter ... Euro[1]			
			unter 1 100	1 100 - 1 700	1 700 - 2 600	2 600 und mehr
1	Erfasste Haushalte (Anzahl)	11 729	2 155	2 567	3 073	3 934
2	Hochgerechnete Haushalte (1 000)	39 487	8 408	9 639	9 964	11 476
	Haushalte in %					
3	Haushalte mit Computer (stationärer Computer, Laptop, Notebook, Palmtop, PDA)	78	59	69	83	96
4	Haushalte ohne Computer (stationärer Computer, Laptop, Notebook, Palmtop, PDA)	22	41	31	18	4
5	Haushalte mit Internetzugang	73	51	64	78	93
6	Haushalte ohne Internetzugang	27	49	36	22	7

Quelle: Statistisches Bundesamt, Fachreihe 15 Reihe 4, IKT 2009

D. h., dass die Anzahl der Bevölkerungsschicht mit nicht mehr als 1.100 Euro netto p. m. und einem Computer mit Internetzugang weitaus geringer ist, als die Bevölkerungsschicht, die 2.600 Euro und mehr verdient. Der Anteil der Offliner nimmt mit steigendem monatlichem Nettohaushaltseinkommen ab et vice versa.

Man kann konstatieren, dass die Internetnutzung sozial ungleich verteilt ist. Dies wird auch als „Digital Divide"[23] oder digitale Spaltung bezeichnet[24]. Das bedeutet, dass es in der deutschen Gesellschaft unterschiedliche Zugangschancen zum Internet gibt, die durch die sozialen Chancenungleichheiten noch verstärkt werden.

Um die Hypothese besser untersuchen zu können, muss man sich fragen, warum sich die Offliner keinen Internetzugang anschaffen. Ist es der Kostenfaktor oder hat die Nichtanschaffung eines Internetzugangs andere Gründe?

Darüber gibt die Onlinestudie von ARD und ZDF, die jährlich als Repräsentativerhebung durchgeführt wird, nähere Auskunft. Es werden Personen ab dem 14. Lebensjahr befragt. Die Interviews wurden telefonisch über CATI (= Computer Assisted Telephone Interviews) erhoben. Dabei werden Stichproben als Tagesstichproben angelegt. Die ausgewählten Telefonnummern werden per Zufall ausgewählt und auf die Wochentage verteilt.[25]

Ergebnisse:
Ursachenforschung: Auf die Frage, warum die Offliner sich keinen Internetzugang anschaffen, wurde von diesen Folgendes geantwortet: Für 39 % der Offliner waren die Anschaffungskosten für einen PC zu hoch. 37 % gaben die zu hohen monatlichen Kosten für die Nutzung des Internets an (Angaben 2009). Die Internet-Provider[26]

---

[23] Scholz, Stefan, Internet-Politik in Deutschland, Vom Mythos der Unregulierbarkeit, Bonn 2004, S. 285, Definition des Begriffes „Digital Divide": Mit „Digital Divide" wird in den USA die Spaltung der Gesellschaft in Internet-Nutzer und Nicht-Nutzer verstanden.
[24] http://www.itas.fzk.de/tatup/023/bewe02a.htm, abgefragt am 15.01.2010; Technologiefolgenabschätzung, Theorie und Praxis, Schwerpunktthema – E-Government: Zwischen Vision und Wirklichkeit, Nr. 3/4, 11. Jahrgang – November 2002, S. 68-81
[25] www.ard-zdf-onlinestudie.de, abgefragt am 25.01.201
[26] de.wikipedia.org/wiki/Internetdienstanbieter, abgefragt am 05.02.2010, Definition Internet-Provider: Internetdienstanbieter

bieten ihre monatlichen Flatrate[27]-Angebote zu Preisen zwischen 30 bis 50 Euro an (Stand: Februar 2010).[28] Der Prozentanteil fiel zwar vom Jahre 2007 bis 2009 für die Anschaffungskosten von 48 % auf 39 % und bei den monatlichen Kosten von 45 % auf 37 %, aber sie bildeten dennoch ein Ausschlusskriterium. Die Ergebnisse dieser Erhebung zeigen, dass für die Offliner der Kostenfaktor als Ausschlussgrund gilt.

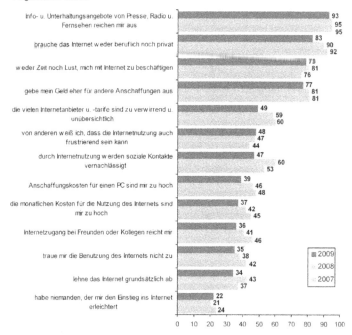

www.ard-zdf-onlinestudie.de

Offliner: Gründe, sich keinen Internetzugang anzuschaffen 2007 - 2009
stimme voll und ganz/weitgehend zu
Angaben in Prozent

Basis: Offliner ab 14 Jahren in Deutschland (2007: n=680, 2008: n= 616, 2009: n=594)
Teilgruppe: Befragte, die früher online waren oder eine Vorstellung vom Internet haben und die sich bestimmt nicht/wahrscheinlich nicht einen Internetzugang anschaffen werden (2007: n=441, 2008: n= 362, 2009: n=371)
Quelle: ARD/ZDF-Offlinestudien 2007 - 2009

---

[27] Scholz, Stefan, Internet-Politik in Deutschland, Vom Mythos der Unregulierbarkeit, Bonn 2004, S. 316, Definition „Flatrate": Fachbegriff für „Pauschaltarif". Gegen Zahlung eines monatlichen Pauschalbetrages kann man unbegrenzt im Internet surfen. Weitere Gebühren fallen nicht an.
[28] Ders. S. 174

Wie entwickeln sich die Preise für das Internet, Zubehör, Ausstattung und Anschlüsse?

Die Preise und damit die Kosten für ausgewählte Informationsgüter sind gesunken[29]. Dadurch wird die Verbreitung des Internets beeinflusst. Die Anschaffungen für den Computer und den Anschluss stellen immer seltener eine Kaufbarriere für die Bürger dar.

Transparent messbar ist dies durch den Verbraucherpreisindex für ausgewählte Informationsgüter:

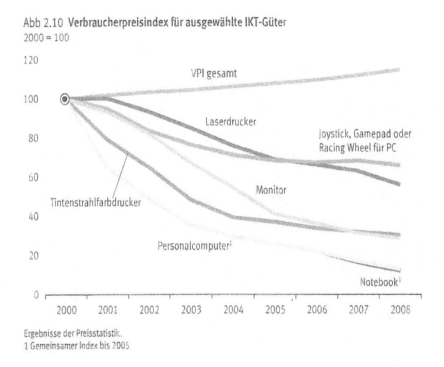

Abb 2.10 Verbraucherpreisindex für ausgewählte IKT-Güter
2000 = 100

Ergebnisse der Preisstatistik.
1 Gemeinsamer Index bis 2005

Quelle: Statistisches Bundesamt, Informationsgesellschaft in Deutschland, Wiesbaden 2009, S. 36

---

[29] www.destatis.de, abgefragt am 15.01.2010, Statistisches Bundesamt (Hrsg.), Informationsgesellschaft in Deutschland, Wiesbaden 2009, S. 36

Diese Statistik zeigt, dass der Verbraucherpreisindex für Personalcomputer aber auch für Monitore und Drucker stark gesunken ist. Auch der Preis für das Internet ist gesunken.[30]

Dies ist auf der folgenden Statistik erkennbar:

Abb 6.4 Entwicklung der Preise für Telekommunikationsdienstleistungen
2005 = 100

Quelle: Statistisches Bundesamt, Informationsgesellschaft in Deutschland, Wiesbaden 2009, S. 69

Welche Gründe spielen für die ärmere Bevölkerung eine wichtige Rolle, sich kein Internet anzuschaffen?

Für die Hypothese nützlicher wäre gewesen, diese Frage ausschließlich an die arme Bevölkerung zu stellen. Dann hätte man sich ein besseres Bild machen können, ob der wahre Grund im Kostenfaktor begründet liegt.

Als Ergebnis kann dennoch festgehalten werden, dass die Offline-Bürger diejenigen sind, die in der Gesellschaft am stärksten finanziell benachteiligt sind. Der

---

[30] www.destatis.de, abgefragt am 15.01.2010, Statistisches Bundesamt (Hrsg.), Informationsgesellschaft in Deutschland, Wiesbaden 2009, S. 69

Kostenfaktor kann somit als ein großes Hindernis zur Nutzung des Internets angesehen werden. Durch den rapiden Preisverfall dieser Produkte, wird das Hindernis des Kostenfaktors zwar immer geringer, **die Hypothese an sich hat sich aber als wahr erwiesen.** Das Argument des erhöhten Kostenfaktors ist in der realen Welt beobachtbar und empirisch nachvollziehbar. Für die Offliner können öffentliche Internetzugänge eine sinnvolle Möglichkeit darstellen, dennoch in das Internet gehen zu können. Nach statistischen Angaben stellen aber nur etwa 40 % der Bürgernetze diese Möglichkeit den Bürgern zur Verfügung[31].

2.2. Das notwendige Know-how ist bei vielen Bürgern nicht vorhanden.

Die digitale Kompetenz[32] wird für den Gang in das Internet zumindest teilweise benötigt[33]. Daraus resultiert das obige Argument mit der zu untersuchenden Hypothese: Je intelligenter die Bürger sind, desto größer ist der Anteil der Internetnutzung.

Unter dem Konzept der Intelligenz wird folgendes verstanden: Intelligenz ist die Fähigkeit eines Individuums, zweckvoll zu handeln, vernünftig zu denken und sich mit seiner Umgebung wirkungsvoll auseinanderzusetzen[34].

Für die Messung der Intelligenz benötigt man Indizien. Diese Indizien werden wie folgt festgelegt: Das Hauptindiz ist der jeweilige Bildungsstand. Ein anderes Indiz könnte die berufliche Stellung sein. Meist führt ein gewisser Bildungsstand zu einer bestimmten beruflichen Stellung. Dies muss aber nicht immer so sein.

---

[31] www.sozial.uni-frankfurt.de, abgefragt am 15.01.2010
[32] http://ftp.jrc.es/EURdoc/JRC48708.TN.pdf, Ala-Mutka u. a., Digital Competence for Lifelong Learning, Policy Brief, Luxembourg 2008, abgefragt am 05.02.2010, Definition der "digitalen Kompetenz": "Digital competence, as defined in the EC Recommendation on Key Competences (EC, 2006) involves the confident and critical use of ICT (Information and Communication Technology) for employment, learning, self-development and participation in society. This broad definition of digital competence provides the necessary context (i.e. the knowledge, skills and attitudes) for working, living and learning in the knowledge society."
[33] Winkel, Olaf, Zukunftsperspektive Electronic Government. In: Aus Politik und Zeitgeschichte, B 18/2004, S. 12
[34] Pippke, Wolfgang u. a., Organisation, Köln u.a. 2005, S. 66

Als Sekundärdaten werden wieder die Wirtschaftsrechnungen des Statistischen Bundesamtes 2009 herangezogen. Danach wird der Bildungsstand durch sechs verschiedene Bildungsstufen nach ISCED (International Standard Classification of Education) abgebildet. Diese Bildungsstufen gelten als Standards der UNESCO. Sie werden auch von anderen Institutionen, wie z. B. der OECD, genutzt.

Die Bildungsstufen im Einzelnen:

- Stufe 0, Vorprimarstufe: Kindergarten;
- Stufe 1, Primarstufe: Grundschule;
- Stufe 2, Sekundarstufe I: Hauptschule, Realschule, Gymnasium (Klassen 5 bis 10), Berufsaufbauschule und Berufsvorbereitungsjahr;
- Stufe 3, Sekundarstufe II: Gymnasium (Klassen 11 bis 13), Fachoberschule, duale Berufsausbildung, Berufsfachschule;
- Stufe 4, Postsekundäre, nicht tertiäre Stufe: Oberschule, Fachoberschule;
- Stufe 5, Tertiärer Bereich, Phase 1: Fachhochschule, Universität, Fachschule, Fachakademie;
- Stufe 6, Tertiärer Bereich, Phase 2: Promotion, Habilitation.

Die Bildungsstände werden in drei Gruppen zusammengefasst:

- Niedriger Bildungsstand: ISCED-Stufen 0, 1 und 2
- Mittlerer Bildungsstand: ISCED-Stufen 3 und 4
- Hoher Bildungsstand. ISCED-Stufen 5 und 6[35]

Das Ziel der Untersuchung ist herauszufinden, wie viele Personen mit welchem Bildungsstand das Internet in welcher Intensität nutzen.

Die Frage der Untersuchung lautete deshalb: Nutzen sie das Internet fast jeden Tag?

Ergebnisse:

Die Bürger mit dem niedrigsten Bildungsstand nutzten zu 40 % das Internet fast täglich. Bei einem mittleren Bildungsstand sind es 50 %. Den höchsten Wert erreichte der hohe Bildungsstand mit 67 %. Auch bei den Kontakten mit den Behörden über das Internet nutzten nur 24 % der Menschen mit niedrigem

---

[35] www.destatis.de, abgefragt am 15.01.2010, Statistisches Bundesamt (Hrsg.), Wirtschaftsrechnungen, Private Haushalte in der Informationsgesellschaft – Nutzung von Informations- und Kommunikationstechnologien, Wiesbaden 2009

Bildungsstand dieses Medium. Bei mittlerem Bildungsstand waren dies 45 %, und bei hohem Bildungsstand 65 %.[36]

Lfd. Nr.	Gegenstand der Nachweisung	Personen insgesamt[1]	Davon nach dem Bildungsstand		
			niedrig	mittel	hoch
1	Erfasste Personen (Anzahl)	20 954	2 454	11 234	7 266
2	Hochgerechnete Personen (1 000)	69 600	16 921	38 463	14 217
	Personen in %				
	Nutzung des Internets in den letzten drei Monaten Durchschnittliche Nutzung				
3	jeden Tag oder fast jeden Tag	51	40	50	67
38	Kontakt mit Behörden/öffentlichen Einrichtungen über das Internet (E-Government)	44	24	45	65
39	Informationssuche auf den Webseiten von Behörden	44	24	45	65
40	herunterladen von amtlichen Formularen	30	13	30	51
41	versenden ausgefüllter Formulare	20	8	20	35

Quelle: Statistisches Bundesamt, Fachserie 15 Reihe 4, IKT 2009

Durch obige Fragestellung wurde untersucht, welcher Bildungsstand mit welcher Intensität das Internet nutzt. Die Gründe der Nichtnutzung sind aber weiterhin nicht bekannt. Es muss deshalb eine andere Studie gesucht, gefunden und herangezogen werden, die diese Frage beantworten kann. Gefunden wurde diese Studie in der ARD/ZDF-Onlinestudie.

Die ARD/ZDF-Onlinestudie stellte an Offliner die Frage, ob sie die Sprache und Begriffe, die im Internet gebraucht und benutzt werden, verstehen. 62 % der Offliner gaben an, dass das Internet eine Sprache und Begriffe benutzt, die sie nicht verstehen.

---

[36] www.destatis.de, abgefragt am 15.01.2010, Statistisches Bundesamt (Hrsg.), Informationstechnologie in Unternehmen und Haushalten 2005, Wiesbaden 2006

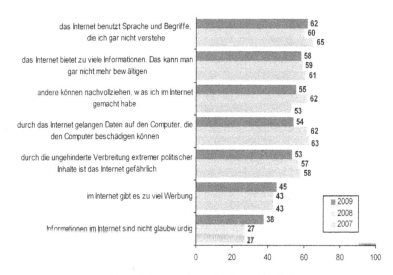

das Internet benutzt Sprache und Begriffe, die ich gar nicht verstehe: 62, 60, 65

das Internet bietet zu viele Informationen. Das kann man gar nicht mehr bewältigen: 58, 59, 61

andere können nachvollziehen, was ich im Internet gemacht habe: 55, 62, 53

durch das Internet gelangen Daten auf den Computer, die den Computer beschädigen können: 54, 62, 63

durch die ungehinderte Verbreitung extremer politischer Inhalte ist das Internet gefährlich: 53, 57, 58

im Internet gibt es zu viel Werbung: 45, 43, 43

Informationen im Internet sind nicht glaubwürdig: 38, 27, 27

■ 2009   ▫ 2008   ▫ 2007

Basis: Offliner ab 14 Jahren in Deutschland (2007: n=680, 2008: n=616, 2009: n=594)
Teilgruppe: Befragte, die früher online waren oder eine Vorstellung vom Internet haben
(2007: n=545, 2008: n=477, 2009: n=488)
Quelle: ARD/ZDF-Offlinestudien 2007 - 2009

Immerhin gaben 35 % der Offliner an, dass sie sich die Benutzung des Internets nicht zutrauen. Es gibt viele Gründe, warum die Offliner das Internet nicht nutzen, aber ein wichtiger Grund bleibt das fehlende, aber notwendige Know-how.

Die ARD-Onlinestudie untersuchte auch die Online-Nutzung nach Alter und Schulausbildung. Dabei wurde festgestellt, dass nur 2,5 % der Bürger zwischen 14 und 19 Jahren das Internet nicht nutzt. Bei den 60jährigen sind es aber 72,9 % Nichtnutzer.
Diese Ergebnisse unterstreichen die des Statistischen Bundesamtes.

Personen ohne Online-Nutzung 2003 bis 2009
Angaben in Prozent

	2003	2004	2005	2006	2007	2008	2009
Gesamt	46,5	44,7	42,1	40,5	37,3	34,2	32,9
männlich	37,5	35,8	32,5	32,7	31,1	27,6	25,5
weiblich	54,7	52,7	50,9	47,6	43,1	40,4	39,9
14-19 J.	8,7	5,3	4,3	2,7	4,2	2,8	2,5
20-29 J.	17,5	17,2	14,7	12,7	5,7	5,2	4,8
30-39 J.	26,1	24,1	20,1	19,4	18,1	12,1	10,6
40-49 J.	33,6	30,1	29,0	28,0	26,2	22,7	19,8
50-59 J.	51,1	47,3	43,5	40,0	35,8	34,3	32,6
ab 60 J.	86,0	85,5	81,6	79,7	74,9	73,6	72,9
Volksschule/Hauptschule	66,5	63,9	61,5	62,6	55,7	53,3	52,9
weiterführende Schule	34,1	32,3	29,0	26,5	28,4	24,9	23,1
Abitur	14,7	12,6	15,2	10,0	9,6	8,4	6,3
Studium	20,4	20,6	16,9	16,4	15,7	14,2	13,7
berufstätig	30,0	26,6	22,9	26,0	21,4	18,2	17,7
in Ausbildung	8,9	5,5	2,6	1,4	2,4	1,3	2,0
nicht berufstätig	85,2	77,1	73,7	71,7	68,0	66,4	65,3

Basis: Erwachsene ab 14 Jahren in Deutschland (2009: n=1806, 2008: n=1802, 2007: n=1822, 2006: n=1820, 2005: n=1875, 2004: n =1810, 2003: n=1955).
Quelle: ARD/ZDF-Offlinestudie 2003 - 2009

© ARD/ZDF-Onlinestudie 2007

Personen ohne Onlinenutzung sind vorwiegend Hauptschüler 52,9 %. Abiturienten
sind nur mit einem Anteil von 6,3 % offline. Eine weitere Unterscheidung fand
zwischen Berufs- und Nichtberufstätigen statt. 17,7 % der Berufstätigen sind offline,
aber 65,3 % der Nichtberufstätigen.

Aus dem Wissen der empirischen Beobachtung heraus, dass der Wissensstand der
Bürger hinsichtlich der Wissenstiefe unterschiedlich stark variiert, bildete sich die
sogenannte Wissenskluft-Hypothese (Knowledge-Gap Hypothesis). Die Knowledge-
Gap-Forschung geht davon aus, dass durch das Internet die Zunahme von Wissen
erfolgt.[37] Die zentrale These lautet, dass bei einer Diskussion über allgemeine
Themen die Wissenskluft zwischen Personen mit hohem und niedrigem Status durch
das Internet vergrößert wird. Es wird zwar eingeräumt, dass beide Seiten ein
größeres und neueres Wissen erlangen können als vorher, aber die oberen Schichten
erlangen prozentual mehr Wissen als die unteren. Die Folge daraus ist, dass sich die

---

[37] Bernauer, Thomas u. a. , Einführung in die Politikwissenschaft, Baden-Baden 2009, S. 323

Wissenskluft zwischen diesen beiden Extremen weiter verstärkt. Als Gründe dieser Wissenskluft werden angeführt, dass die „Oberschicht" die Informationen schneller aufnehmen und verarbeiten kann als die „Unterschicht", da sie ein größeres Vorwissen hat. Außerdem kann die „Oberschicht" leichter zwischen wichtigen und unwichtigen Informationen unterscheiden und somit bereits im Vorfeld die wichtigen von den unwichtigen Informationen selektieren. Auch wird durch dieses Vorwissen das Verstehen von Informationen erleichtert. Durch diese Ungleichverteilung des Wissens entwickeln sich eine Informationselite und eine Gesellschaft der Nichtinformierten[38]. Diese unbeabsichtigte negative Wirkung des Internets ist deshalb politisch relevant, weil eine Ungleichverteilung des Wissens meistens auch die sozialen Chancen und den politischen Einfluss ungleich verteilt.[39]

Gegen diese Hypothese spricht, dass das Statistische Bundesamt auf die Frage, „Wer nutzt das Internet?", herausgefunden hat, dass der Bevölkerungsanteil der 10 bis 25jährigen, die das Internet nutzen, bei nahe 90 % liegt[40]. In dieser Bevölkerungsschicht befinden sich Personen aus allen gesellschaftlichen Bildungsschichten.

Es stellt sich die Frage, welcher Bildungsschicht die restlichen 10% (Nichtnutzer) angehören?

Da 10% ein sehr geringer Wert ist, ist der Einfluss der Bildung auf die Internetnutzung bei diesem Personenkreis vernachlässigbar.

Die Statistik der Initiative (N)ONLINER D21 gibt aber Aufschluss über die Verteilung der 14 bis 49 Jahre alten Offliner nach dem Bildungsabschluss:

---

[38] Welz, Hans-Georg, Politische Öffentlichkeit und Kommunikation im Internet. In: Aus Politik und Zeitgeschichte, B 39-40/2002, S. 9
[39] Oscar, W. Gabriel u.a., Handbuch Politisches System der Bundesrepublik Deutschland, Oldenburg 2005, S. 722
[40] www.destatis.de, abgefragt am 15.01.2010, Statistisches Bundesamt (Hrsg.), Informationstechnologie in Unternehmen und Haushalten 2005, Wiesbaden 2006, S. 50

14 bis 49 Jahre (Angaben in %)	Basis	Onliner	Nutzungsplaner	Offliner	
Schüler	1.821	97.0	1,8	1,3	--->
Volksschule ohne Lehre	1.380	75.7	6,9	17,4	--->
Volksschule mit Lehre	4.227	80.7	5,6	13,7	--->
weiterbildende Schule, ohne Abitur	4.712	89.3	3,5	7,2	--->
Abitur, Hochschulreife, Fachhochschule	2.498	96.3	1,5	2,2	--->
abgeschlossenes Studium	1.985	97.6	1,2	1,2	--->

Onliner Nutzungsplaner Offliner 20% 40% 60% 80% 100%

50+ Jahre (Angaben in %)	Basis	Onliner	Nutzungsplaner	Offliner	
Volksschule ohne Lehre	1.993	13.6	2,6	83,9	--->
Volksschule mit Lehre	5.029	38.4	6,3	55,2	--->
weiterbildende Schule, ohne Abitur	3.776	53.3	5,7	41,0	--->
Abitur, Hochschulreife, Fachhochschule	881	64.6	5,5	29,9	--->
abgeschlossenes Studium	1.710	74,6	3,9	21,5	--->

Onliner Nutzungsplaner Offliner 20% 40% 60% 80% 100%

Quelle: (N)ONLINER Altlas 2009

Die Menschen ab dem 50. Lebensjahr (auch „Best Ager" genannt[41]) und älter nutzen durchschnittlich nur zu ca. 30 % das Internet. Es stellt sich auch hier die Frage, welcher Bildungsschicht die restlichen 70% (Nichtnutzer) angehören? Die Bürger mit hoher formaler Bildung verbuchen hier noch immer den größten Anteil. 74,6% der „50plus-Bürger" mit abgeschlossenem Studium sind online. 13,6% derselben Altersgruppe mit Volksschulabschluss ohne Lehre nutzen das Internet. Die Diskrepanz zwischen diesen Bürgern mit einfachen und hohen Bildungsabschlüssen liegt bei 61% und damit sehr hoch.[42]

Die Internetnutzung zwischen Jüngeren und Älteren differiert ebenfalls sehr stark: Die Jüngeren nutzen weitaus häufiger das Internet als die Älteren. Es stellt sich die

---

[41] www.initiatived21.de, Initiative D21, (N)ONLINER Atlas 2009, Eine Topographie des digitalen Grabens durch Deutschland, Nutzung und Nichtnutzung des Internets, Strukturen und regionale Verteilung, eine Studie der Initiative D21, durchgeführt von TNS Infratest
[42] Dies., S. 50

Frage, ob deshalb die Jüngeren (10 bis 25jährigen) intelligenter sind als die Älteren (55 und älter), Männer intelligenter als Frauen? Denn auch zwischen Männern und Frauen differieren die Nutzungszahlen zugunsten der Männer. Diese Ungleichverteilung ist sicherlich nicht auf die Intelligenz zurückzuführen, sondern hat andere Ursachen, die aber in dieser Arbeit nicht weiter verfolgt werden. Wichtig ist hier nur das Wissen über die Nutzungstendenzen von Bevölkerungsgruppen, um später im Resümee konstruktive Vorschläge unterbreiten zu können. Auch ist diese Datenerkenntnis wichtig für die abschließende Beurteilung der Untersuchungsfrage hinsichtlich der Gerechtigkeit.

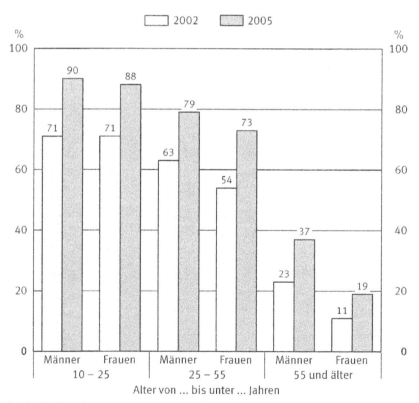

Internetnutzung im ersten Quartal 2002 und 2005 nach Altersgruppen und Geschlecht
in %

Quelle: Statistisches Bundesamt 2006

27

Ein sicherer Umgang mit dem Internet, wie z. B. die Bedienung, ist sicherlich Voraussetzung für die Inanspruchnahme des Internets und dementsprechend auch der Onlinedienste der Verwaltung[43].

Diese Sichtweise erscheint auch deshalb schlüssig, weil 53 % der 16 bis 24jährigen Computerprobleme entdeckt und gelöst haben.

Tab 5.7 **Kenntnisse und Fähigkeiten von Personen beim Umgang mit Computern im Jahr 2007**

Kenntnisse/ Fähigkeiten	Personen			im Alter von … bis … Jahren				
	Männer	Frauen	Insgesamt	10 - 15	16 - 24	25 - 44	45 - 64	65 und mehr
Dateien kopiert oder verschoben	83	77	80	73	95	86	75	58
Textteil kopiert	81	79	80	74	94	85	75	61
mit einem Tabellenkalkulationsprogramm gerechnet	61	54	58	38	72	67	53	31
Dateien komprimiert	49	26	38	18	54	47	32	16
Geräte angeschlossen/ installiert (z. B. Drucker)	77	45	61	42	75	70	54	45
Computerprogramm geschrieben	17	6	12	6	20	13	8	7
Computer an ein lokales Netzwerk (LAN) angeschlossen	41	14	28	16	45	34	21	10
Computerprobleme entdeckt und gelöst	52	23	38	26	53	46	30	18

Personen, die mindestens einmal einen Computer genutzt haben. – Ergebnisse der Erhebung zur Nutzung von IKT in privaten Haushalten.

Quelle: Statistisches Bundesamt, Informationsgesellschaft in Deutschland, Wiesbaden 2009, S. 62

Dies ist auf ein größeres Know-how der jüngeren Generation gegenüber der älteren zurückzuführen. Die Spaltung in zwei Klassen, die Info-Elite und das Info-Proletariat[44].

---

[43] http://www.itas.fzk.de/tatup/023/bewe02a.htm, abgefragt am 15.01.2010; Technologiefolgenabschätzung, Theorie und Praxis, Schwerpunktthema – E-Government: Zwischen Vision und Wirklichkeit, Nr. 3/4, 11. Jahrgang – November 2002, S. 68-81
[44] Tauss, Jörg u. a., Deutschlands Weg in die Informationsgesellschaft, Herausforderungen und Perspektiven für Wirtschaft, Wissenschaft, Recht und Politik, Baden-Baden 1996, S. 869

Es muss die Benutzerfreundlichkeit der Betriebssysteme und die digitale Kompetenz der älteren Generation, besonders der ab dem 50. Lebensjahr aufwärts, noch weiter verbessert werden. Eine Verbesserung der Benutzeroberflächen soll bewirken, dass das Internet ohne spezielle Kenntnisse in Anspruch genommen werden kann. Dies würde die offensichtlichen Einstiegshürden abbauen.

Solange dies nicht geschieht, kann es durchaus zu den - bereits vorher genannten - sogenannten „Knowledge-Gaps" kommen. Die Angst vor einer zukünftigen Vertiefung dieser „Gaps" ist unbegründet, da die Statistik eindeutig zeigt, dass fast alle jungen Bürger zwischen 16 und 25 Jahren das Internet nutzen. Diese werden in den folgenden Statistiken im Laufe der Zeit aufrücken. Aktuell verläuft die Teilung in „Information-Rich" und „Information-Poor" zwischen „jung" und „alt". Dies ermittelte auch eine Studie des Georgias Instituts of Technologie in den USA für die dortige Bevölkerung. In dieser Studie lag das Durchschnittsalter der Internet-User bei 35 Jahren.[45]

Die Hypothese ist zum jetzigen Zeitpunkt richtig. Die näheren Untersuchungen haben allerdings ergeben, dass diese Hypothese in Zukunft nur eine untergeordnete Rolle spielen wird. Begründung: Für die nachwachsende Generation, die mit dem Internet aufwächst, ist die Internetnutzung keine Frage des Know-how mehr, weil diese bereits zu ca. 90 % im Internet surft. Zukünftig ist deshalb eine Vertiefung der Wissenskluft nicht zu erwarten.

2.3. Generell hat jeder Bürger die Möglichkeit in das Internet gehen zu können.

Warum sollten die Bürger auf die positiven Effekte, die das Internet ihnen bringt, verzichten?

Hypothese: Wenn alle Bürger die Möglichkeit der Internetnutzung haben, ist der Gang der Verwaltung in das Netz gerecht. Hier geht es um die Möglichkeit der

---

[45] Tauss, Jörg u. a., Deutschlands Weg in die Informationsgesellschaft, Herausforderungen und Perspektiven für Wirtschaft, Wissenschaft, Recht und Politik, Baden-Baden 1996, S. 871 f.

Internutzung, nicht um die Internetnutzung per se. Es stellt sich die Frage: Haben alle Bürger die Möglichkeit der Internetnutzung?

Die Fragestellung baut auf zwei Aspekten auf: Zum einen ist das die generelle Möglichkeit in das Internet gehen zu können. Zum anderen die Bewertung der potentiellen Nachteile, die durch die ausschließliche Nutzung des herkömmlichen Handlungsrepertoires entstehen könnten.

Die generelle Möglichkeit der Internetnutzung

Ein Ziel des zweiten Konjunkturpaketes ist es, bislang nicht versorgte Gebiete mit leistungsfähigen Internetanschlüssen bis Ende 2010 auszustatten[46]. Was heißt das genau? Wie bereits ermittelt haben in Deutschland ca. 75% der privaten Haushalte eine Computerausstattung und ca. 70 % einen Internetzugang. Was sind die genauen Gründe für das Fehlen eines Netzzuganges?

Als einen wichtigen Grund für das Fehlen eines Internetzugangs wurde von 26% der Bürger angegeben, dass ihnen ein Zugriff auf das Internet von einem anderen Ort aus möglich ist.

Tab 2.2 Gründe für den fehlenden Internetzugang

Internetzugang fehlt, weil ...	in %
Zugriff auf das Internet von einem anderen Ort möglich ist	26
Bedenken hinsichtlich Datenschutz und Privatsphäre bestehen	15
Anschaffungskosten zu hoch sind	30
Nutzungskosten zu hoch sind	28
Keine ausreichenden Kenntnisse vorhanden sind	34
Kein Bedarf besteht	60
Sonstige Gründe	10

Ergebnisse der Erhebung zur Nutzung von IKT in privaten Haushalten.
1 Anteil bezieht sich auf Haushalte ohne Internetzugang.

47

---

[46] www.destatis.de, abgefragt am 15.01.2010, Statistisches Bundesamt (Hrsg.), Informationsgesellschaft in Deutschland, Wiesbaden 2009, S. 5
[47] Dies., S. 24

Ein entscheidender Grund beim Internetgang einen anderen Ort aufsuchen zu müssen, ist das Nichtvorhandensein leistungsfähiger Internetanschlüsse, vor allem in ländlichen Regionen. Wichtig für den Gang in das Internet ist ein Breitbandanschluss.[48]

Warum? Ein Breitbandanschluss senkt die Kosten immens. Er ist ein weiteres Hauptkriterium für schnelles Surfen im Internet. Allgemein ist er das Indiz für eine gute technische Infrastruktur.[49]

Es muss deshalb auch die Aufgabe und das Ziel der Politik sein, diesen Breitbandanschluss so schnell wie möglich allen Bürgern zur Verfügung zu stellen, also flächendeckend zu implementieren. Aus der Sicht heraus, dass die Verwaltung in das Internet geht, ist dieser Anschluss ein unbedingtes „Muss".

Wie bereits angedeutet sind besonders die ländlichen Regionen teilweise nicht an das Hochgeschwindigkeitsnetz angeschlossen. Die Gründe hierfür liegen in der geringen Rentabilität der Investitionen aufseiten der Privatinvestoren.[50]

Fakt ist deshalb, dass eine flächendeckende Versorgung mit Breitbandanschlüssen aktuell nicht gegeben ist.

Die Bewertung der potentiellen Nachteile für die Nichtnutzer

Entstehen den Bürgern Nachteile, weil sie das Internet nicht nutzen können, sondern ausschließlich auf die Nutzung des herkömmlichen Handlungsrepertoires angewiesen sind? (Gesichtspunkte der Ungerechtigkeit)

Hierzu müssen die Vorteile der neuen Partizipationsmöglichkeiten für die Bürger angesehen werden und deren bisherige Implementierung.

---

[48] www.wik.org/.../Conference_Notes_Breitbandschere_dt_2008_06_05.pdf, abgefragt am 19.01.2010, wissenschaftliches Institut für Infrastruktur und Kommunikationsdienste (Hrsg.), „Breitbandschere" – Verlieren ländliche Regionen den Anschluss?, Bonn 2008
[49] Ders.
[50] http://europe.eu/legislation_summaries/information_society/si0003_de.htm, abgefragt am 13.01.2010, Künftige Netze und das Internet, Mitteilung der Kommission vom 29.09.2008

Tabelle 3: Formen politischer Partizipation in digitalen Netzwerken

Partizipationstyp	Beispiele	
	Adaption	*Sui generis*
Verfasst/repräsentativ/ konventionell	Online-Wahl, „virtuelle" Partei-arbeit	–
Verfasst/direkt/ konventio-nell	Computervermittelte politische Kommunikation, Online-Referendum/ Abstimmung, Online-Spende	–
Nicht-verfasst/ repräsenta-tiv/ konventionell	Online-Konsultation, eGover-nance (ICANN), *Chat* (mit Politikern)	–
Nicht-verfasst/direkt/ konventionell	Gegenöffentlichkeit (*blogs* etc.), „virtuelle" Interessengruppen, Online-Petitionen, Online-Deliberation	Online-Abstimmung (nicht bindend), Meinungsabfrage, interaktive Wahlhilfe („Wahl-O-Mat")
Nicht-verfasst/direkt/ unkonventionell	Online-Protest (*Icon*- und eMail-Kampagnen etc.)	*„Hacktivism"* (DOS-Attacken, Ping-Stürme etc.)

Quelle: Entwickelt in Anlehnung an Schultze (1995: 398).

51

Wie aus der Tabelle erkennbar ist, kann durch das Internet eine Erweiterung der Beteiligungsangebote für die Bürger erreicht werden. Aktuell sind diese Erweiterungen für die ersten drei oberen Bereiche (Online-Wahl, „virtuelle" Parteiarbeit; Computervermittelte politische Kommunikation, Online-Referendum/Abstimmung, Online-Spende; Online-Konsultation, eGovernance und Chat (mit Politikern)) größtenteils - wenn überhaupt - in Projekten verwirklicht bzw. am Beginn ihrer Entwicklung angelangt. Sie können deshalb auch nicht als essentiell wichtig angesehen werden. Schreitet die Entwicklung dieser Partizipationsmöglichkeiten in den genannten Bereichen aber weiter voran, dann muss die Frage der Benachteiligung der Nichtnutzer nochmals aufgegriffen werden, denn manche Beteiligungen werden durch das kommunikationstechnische Leistungsprofil des Internets erst ermöglicht[52].

---

[51] Lindner, Ralf, Politischer Wandel durch digitale Netzwerkkommunikation?, Strategische Anwendung neuer Kommunikationstechnologien durch kanadische Parteien und Interessengruppen, Wiesbaden 2007, S. 89
[52] Ders., S. 89

Da das Ziel der flächendeckenden Nutzungsmöglichkeit des Internets bisher nicht verwirklicht ist, stimmt die Hypothese nicht. Sie muss deshalb verworfen werden und ist als Methode des Erkenntnisgewinns wertlos (Falsifizierbarkeit).

(Anmerkung:

Die Recherche hat aber gezeigt, dass eine Trennung der Verwaltungsaktivitäten in die reine Information einerseits und Partizipation andererseits erfolgen muss. Zur Definition der Begriffe wird unter den folgenden Punkten eingegangen. Die Gerechtigkeit bleibt durch diese Erkenntnis nur bei den reinen Informationen über das Internet gewahrt. Diese müssen aufgrund der Untersuchungsergebnisse komplementär erfolgen. Auf der Basis der Partizipation besteht eine nachweisbare Benachteiligung der Bürger, die die Möglichkeit nicht haben, das Internet nutzen zu können. Diese Benachteiligung muss von den betroffenen Bürgern als ungerecht empfunden werden. Sie könnte maximal ca. 25% der Bürger (Nichtnutzer) in Deutschland betreffen. Aktuell ist sie gering ausgeprägt, da die Partizipationsmöglichkeiten über das Internet bisher kaum eine Rolle gespielt haben. Mit dem Ausbau dieser Möglichkeiten ist ein anderes Ergebnis wahrscheinlich.)

3. Argumente der Sinnhaftigkeit

3.1. Es finden Kostensenkungen in der Verwaltung statt.

Im zweiten Teil dieser Arbeit wird die Sinnhaftigkeit des Verwaltungsganges in das Internet untersucht. Es stellt sich die Frage, ob es sinnvoll ist, Verwaltungsinformationen, -interaktionen und -transaktionen auch über das Internet anzubieten. In diesem Fragekomplex werden die unterschiedlichen Möglichkeiten der Bürger, das Internet nutzen zu können, mit einbezogen.

Es finden Kostensenkungen besonders bei den eingesparten Personalkosten und im Bereich der Servicefunktionen statt. Der Gang in das Internet ermöglicht somit Rationalisierungseffekte.

Hypothese: Je mehr die Kosten durch den Internetauftritt gesenkt werden können, desto mehr ist die Überlegung vorhanden, alle möglichen Bereiche in das Internet zu verlegen.

Zuerst muss das Konzept der Kosten definiert werden. Die Kosten sind „der in Geld bewertete Verzehr von Produktionsfaktoren und Dienstleistungen, der zur Erstellung ... der betrieblichen Leistungen sowie zur Aufrechterhaltung der Betriebsbereitschaft erforderlich ist[53]" Für eine Entscheidung hinsichtlich eines Internetauftrittes müssen auf der einen Seite alle intern anfallenden Kosten ermittelt werden. Auf der anderen Seite müssen diese Kosten den erwarteten finanziellen Einsparungen gegenübergestellt werden. Zu den anfallenden Kosten gehören auch die Transaktionskosten. „Unter (den) Transaktionskosten versteht man die Kosten, die entstehen, um den Kontakt zu einem ... (Anbieter) herzustellen und Vereinbarungen abzuschließen (und) dies dann zu kontrollieren...[54]. Das Konzept der Kosten ist demnach sehr weit gefasst.

<u>Zu den Untersuchungsmöglichkeiten:</u>
Man unterscheidet dabei drei wichtige Hauptansätze für ein Entscheidungsmodell: Die Nutzwertanalyse, den Analytik-Hierarchie-Prozess[55] und das IS Success Modell nach DeLone und McLean[56]. In dieser Arbeit wird nur kurz auf die Nutzwertanalyse eingegangen, um ein potentielles Bewertungskriterium für die Hypothese transparent darzustellen.

Was ist die Nutzwertanalyse? Sie ist ein Verfahren zur Bewertung von komplexen alternativen Maßnahmen und zum Treffen von Entscheidungen[57]. Bei der Nutzwertanalyse setzt man die Ziele und Kriterien fest und bewertet diese nach ihrer Bedeutung für die Verwaltung. Dabei sollen alle Kriterien in eine vergleichbare Form

---

[53] Pollert, Achim u. a., Das Lexikon der Wirtschaft, Bonn 2004, S. 284
[54] Weber, Joachim, Controlling im international tätigen Unternehmen: Effizienzsteigerung durch Transaktionskostenorientierung, München 1991, S. 40
[55] Hahn, Dietger u. a., Controlling Heft 2, 1994, S. 75
[56] www.verwaltungsmanagement.at/.../ivm_artikel_pitaf_fhbern_magazin_egovpraesenz_070919.pdf, abgefragt am 14.01.2010, Ihle, Christian u.a., Messung des Erfolges von IT-Investitionen im öffentlichen Sektor. In: Forschung/Analyse – International
[57] Pippke, Wolfgang u.a., Organisation, Köln u. a. 2005, S. 165

gebracht werden[58]. Nichtmonetäre Teilziele mit sogenannten „weichen" Kriterien sollen mit unterschiedlich gewichteten Kriterien vergleichbar gemacht werden, damit eine Entscheidung zwischen zwei oder mehreren Alternativen getroffen werden kann.[59] Die unterschiedlichen Ziele orientieren sich dabei an den Verwaltungszielen. Aus diesen weichen und nichtmonetären und den harten oder monetären Faktoren der Nutzwertanalyse ergibt sich dann der Nutzwert[60].

Es gibt mehrere mögliche Maßnahmen:

- Nicht ins Internet zu gehen,
- ins Internet zu gehen mit reinen Informationen,
- mit Informationen und Interaktionen, oder
- mit Informationen, Interaktionen und Transaktionen.

Es wird untersucht, wie sich die Maßnahmen auf die verschiedenen Ziele auswirken. Zuerst unterteilt man die Ziele in Zielkategorien oder Oberziele. Diese können Wert-, Sach- und Sozialziele sein. Das Hauptwertziel ist die Kostensenkung und - optimierung. Wo kann die Verwaltung beim Internetgang Kosten einsparen und Effizienzsteigerungspotentiale erreichen? Hinsichtlich der vergangenen Kosten gibt die Kosten- und Leistungsrechnung Auskunft. Die vergangenen Kosten und die zu erwartenden Schätzkosten können durch die Kostenvergleichsrechnung in Bezug zueinander gebracht werden. Die Verwaltung sollte die Nutzwertanalyse ex ante durchführen. Bei einigen Zielen muss die Verwaltung mit Schätzwerten arbeiten.

Als Kriterien für die Sachziele könnten z. B.

- die Qualitätsverbesserungen,
- die Verwaltungsvereinfachung und
- die Entbürokratisierung,
- das Nutzen von Synergieeffekten und
- die Erhöhung des Kundenservice, z. B. durch eine schnellere Bearbeitung und Verbescheidung, einen „Rund-um-die-Uhr-Service" und kürzere Wartezeiten

aufgezählt werden.

Als Kriterien für die Sozialziele sind

- die gute Sozialverträglichkeit der jeweiligen Maßnahme durch eine große Arbeitsplatzsicherheit und

---

[58] www.akademie.de/fuehrung-organisation/management/kurse/nutzwertanalyse.../kurs.../kurs-bewerten.html, abgefragt am 21.01.2010
[59] www.controllingportal.de/.../Die-Nutzwertanalyse.html, abgefragt am 20.01.2010
[60] Dass., abgefragt am 20.01.2010

- die Auswirkungen auf die Mitarbeitermotivation bzw. interne Entwicklungsmöglichkeit der Mitarbeiter

anzusehen.

Die Oberziele werden somit in Unterziele zerlegt. Aus diesen Unterzielen werden Zielkriterien abgeleitet. Letztere sollen nur die wichtigsten Kriterien enthalten.[61] Man kann auch K.O.-Kriterien festlegen, die essentielle Bedingungen an eine Alternative knüpfen und die Alternative von vornherein ausschließen. Dann werden die Kriterien gewichtet, indem man feststellt, wie wichtig der Verwaltung die einzelnen Kriterien zur Erreichung des Oberzieles sind. Für die Ermittlung der Gewichtungsfaktoren gibt es unterschiedliche Faktoren, auf die hier nicht eingegangen werden soll. Die Gewichtungsfaktoren selbst spiegeln den Anteil wieder, den das Kriterium an der Gesamtentscheidung hat.[62] Danach bewertet man die Kriterien mit Werten, die auf einer Skala von z.B. eins (schlecht) bis zehn (sehr gut) festgelegt werden und multipliziert diese Bewertung mit der Gewichtung. Dies geschieht immer in Verbindung mit den Maßnahmen. Die Summe aller Multiplikationswerte einer Alternative ergibt dann den Nutzwert. „Die Alternative mit den meisten Punkten ist nach der subjektiven Bewertung der Kriterien die sinnvollste[63]." Zu beachten ist noch, dass wegen des Kostendrucks der öffentlichen Haushalte die Wertziele - wie im Fallbeispiel angegeben - eine tragende Rolle spielen und dementsprechend hoch gewichtet werden müssen.

Beim Thema Kosteneinsparungen waren bei der Recherchearbeit keinerlei brauchbare, öffentlich zugängliche Untersuchungsergebnisse zu finden. Entweder sind die Forschungsergebnisse in diesem Bereich anscheinend wenig fortgeschritten oder sie werden nicht veröffentlicht. Deshalb konnte hier nur die Nutzwertanalyse als eine Möglichkeit zur besseren Entscheidungsfindung vorgestellt werden.

Bisher war es in der IT-Branche so: Man sah Erfolge und Misserfolge. Der Erfolg und die Wirtschaftlichkeit der IT-Investitionen (Mehrwert) wurden nicht gemessen. Die

---

[61] http://community.easymind.info/page-76.htm, abgefragt am 20.01.2010
[62] Dies., abgefragt am 20.01.2010
[63] www.controllingportal.de/.../Die-Nutzwertanalyse.html, abgefragt am 20.01.2010

meisten Rercheberichte sprechen von effizienteren Prozessen durch die IT und einer erhöhten Transparenz[64]. Dies sind Schlagworte, stellen aber keine fundierte Argumentation dar. Die IT-Investitionen der öffentlichen Verwaltung wurden bisher nicht systematisch evaluiert!? Es fehlen Konzepte, die den Mehrwert von IT-Investitionen transparent machen. Außerdem fehlen methodische Ansätze. Wichtig ist eine Projektplanung und, dass diese ex ante durchgeführt wird.[65]

Aufgrund des Mangels an empirisch gesicherten Erkenntnissen und der Tatsache, dass die Kosten und die evtl. Kosteneinsparungen von Verwaltung zu Verwaltung sehr stark variieren können, ist eine Überprüfung und Aussage über die Richtigkeit der Hypothese nicht möglich. Das Argument, dass Kostensenkungen stattfinden, kann und darf nicht - erst recht nicht von der in das Internet gehenden Verwaltung - pauschal vorausgesetzt werden.

3.2. Die Kundenorientierung verbessert sich.

Der Kundenservice verbessert sich und erhöht dadurch die Kundenzufriedenheit der Bürger. Die Verbesserung des Kundenservices wird, z. B. durch die Zeiteinsparungen (Vermeidung von Wartezeiten), einen im Idealfall „Rund-um-die-Uhr-Service"[66] frei von Öffnungszeiten der Ämter und eine schnellere Bearbeitung und Verbescheidung von Anträgen erreicht[67]. Dadurch entsteht ein Nutzen für die Bürger.

Hypothese: Wenn eine Verwaltung im Internet vertreten ist, dann ist der Kundenservice und die Zufriedenheit der Bürger meist größer. Ein besserer Kundenservice erhöht die Kundenzufriedenheit bei den Bürgern. Eine höhere Kundenzufriedenheit ist das Ziel der Kundenorientierung, die das Neue Steuerungsmodell seit den 90er Jahren in der Verwaltung propagiert. Auch E-

---

[64] Winkel, Olaf, Zukunftsperspektive Electronic Government. In: Aus Politik und Zeitgeschichte, B 18/2004, S. 9

[65] www.cospa-projekt.de, abgefragt am 22.01.2010, Leipelt, Detlef, Grundgedanken zu Wirtschaftlichkeitsbetrachtungen für den Einsatz von Open Source Software

[66] Winkel, Olaf, Zukunftsperspektive Electronic Government. In: Aus Politik und Zeitgeschichte, B 18/2004, S. 9; Friedrich, Stefan u. a., „Balanced E-Government": Visionen und Prozesse zwischen Bürgernähe und Verwaltungsmodernisierung. In: Aus Politik und Zeitgeschichte, B 39 – 40/2002, S. 16

[67] Hill, Hermann, Electronic Government – Strategie zur Modernisierung von Staat und Verwaltung. In: Politik und Zeitgeschichte, B39 – 40/2002, S. 28

Government bewirkt eine Serviceverbesserung. Dadurch steigt ebenfalls die Kundenzufriedenheit bei den Bürgern an und trägt wiederum zu einer besseren Kundenorientierung bei.

Zunächst werden deshalb die Konzepte „Kundenorientierung" und „E-Government" definiert. Danach werden die Ergebnisse einer Kundenbefragung zum Nutzen von elektronischen Verwaltungsdienstleitungen ausgewertet. Zur Überprüfung der Hypothese wurde deshalb eine Befragung der Bürger herangezogen, weil sie ein Instrument des Qualitätsmanagement darstellt. Sie liefert der Verwaltung Indikatoren, die die Wirkung der Verwaltung und deren Dienstleistungen auf die Bürger aufzeigen können.[68]

Das Konzept der Kundenorientierung:
Vielerorts empfinden die Bürger eine Distanz zwischen sich und der Verwaltung. Das Neue Steuerungsmodell versuchte, diese Distanz zu verkleinern bzw. zu egalisieren. Das Ziel dieser Reformanstrengungen ist, die Kundenorientierung der öffentlichen Verwaltung zu steigern und die Verwaltungsleistungen kundenorientierter anbieten zu können. Ein Bestandteil des Neuen Steuerungsmodells waren Serviceverbesserungen, die eine höhere Kundenzufriedenheit der Bürger mit sich bringen sollten. Mit der Neuausrichtung der öffentlichen Verwaltung als Dienstleistungsverwaltung und dem Entstehen einer Informationsgesellschaft sollen diese Leistungen dem Bürger zugutekommen.[69] Der Bürger wird zum Kunden. Diese Namensänderung hat nicht nur eine semantische Bedeutung. Es geht darum, die Zufriedenheit der Kunden und dadurch die Akzeptanz der Bevölkerung gegenüber ihrer Verwaltung zu erhöhen. Um dies zu erreichen, muss die Verwaltung ihre Organisationsstrukturen und Prozesse auf diese Erwartungen und Bedürfnisse ihrer Kunden ausrichten. Es stellt sich die Frage: Wie kann Kundenzufriedenheit erreicht werden? Weitere Fragen schließen sich an: Was finden die Kunden schlecht? Welche Veränderungen wünschen sich die Kunden? Es ist wichtig, dass die Verwaltung die Bedürfnisse der Kunden identifiziert. Diese „Vorarbeiten" sollten vor dem Gang in das

---

[68] Schedler, Kuno u.a., New Public Management, Bern u.a. 2006, S. 128
[69] Lorig, Wolfgang, „Good Governance" und "Public Service Ethics", Amtsprinzip und Amtsverantwortung im elektronischen Zeitalter. In: Aus Politik und Zeitgeschichte, B 18/2004, S. 24

Internet und der Einleitung konkreter Maßnahmen realisiert sein. Die Kundenorientierung als Ziel steht dabei mit anderen Zielen in Konflikt. Dies können fiskalische, organisatorische oder politische Konflikte sein. Die Verwaltung muss deshalb eine Abwägung der widerstreitenden Ziele vornehmen. Auch ist es wichtig, die Kunden zu befragen, was für sie Kundenservice und -zufriedenheit bedeuten.[70]

Durch den Gang der Verwaltung in das Internet kann eine hohe Kundenzufriedenheit durch verbesserten Service erreicht werden[71]. So die Hypothese. Was bedeutet ein Gang in das Internet für die Bürger? Hierzu ist die Definition des Begriffs E-Government notwendig. E-Government steht nämlich für die Nutzung des Internets für Dienstleistungen der Verwaltung und somit für den Gang der Verwaltung in das Internet.

Die genaue Definition von E-Government lautet:

„E-Government steht für die elektronische Abwicklung von Informations- und Kommunikationsprozessen zwischen Behörden und Bürgerinnen bzw. Bürgern sowie Unternehmen. So können z. B. Informationen online eingesehen, Formulare heruntergeladen und ausgefüllt über das Internet zurück gesandt werden. Die Möglichkeiten reichen dabei bis zur vollständig elektronischen papierfreien Abwicklung von Verfahren."[72]

Es gibt drei Anwendungsqualitäten von E-Government. Diese teilen sich auf in:
- Die Information,
- die Interaktion und
- die Transaktion.

Unter einer **Information** versteht man die reine Bereitstellung von Auskünften und Nachrichten zu Verwaltungsangelegenheiten[73]. Dies können z.B.

---

[70] Bogumil u. a., Zehn Jahre kommunale Verwaltungsmodernisierung – Ansätze einer Wirkungsanalyse, in: Jahn u. a., Statusbericht Verwaltungsreform – eine Zwischenbilanz nach zehn Jahren, S. 51; Wilkesmann, An welchen Leitbildern orientiert sich die Beratung von kleineren Kommunalverwaltungen, Die Verwaltung 2000, S. 219
[71] Friedrich, Stefan u. a., „Balanced E-Government": Visionen und Prozesse zwischen Bürgernähe und Verwaltungsmodernisierung. In: Aus Politik und Zeitgeschichte, B 39 – 40/2002, S. 13
[72] www.destatis.de, abgefragt am 15.01.2010, Statistisches Bundesamt (Hrsg.), Informationsgesellschaft in Deutschland, Wiesbaden 2009, S. 37
[73] Winkel, Olaf, Zukunftsperspektive Electronic Government. In: Aus Politik und Zeitgeschichte, B 18/2004, S. 8

Informationsangebote von Web-Seiten sein. Hier geht der Informationsfluss von einem zentralen Sender aus, der die Informationen auf Inhalt, Zeitpunkt und Dauer kontrolliert[74]. Die digitalen Angebote werden klar von der reinen Informationsseite dominiert.

Unter einer **Interaktion** versteht man die Kommunikationsmöglichkeiten der Bürger mit der Verwaltung, z. B. durch E-Mail, Chats oder Foren. Eine Formularbestellung oder ein Download sind möglich.

Unter einer **Transaktion** versteht man die elektronische rechtsverbindliche Abwicklung von Verwaltungsvorgängen über das Internet, z.B. mit einer elektronischen Signatur[75]. Diese ist notwendig, um eine Unterschrift abgeben zu können, die als Bestätigung anerkannt wird. Das Ziel der Transaktion ist, dass sich der Bürger den Weg zu seiner Verwaltung einsparen kann. [76]

Für die Erkenntnisse im Bereich „E-Government und Kundenorientierung" wurden die Ergebnisse des ITAS-Projektes „Elektronische Medien und Verwaltungshandeln – Demokratisierung und Rationalisierung" ausgewertet. Hierfür wurden in den Städten Karlsruhe und Mannheim im Jahre 2002 1.005 Telefoninterviews geführt. Die Befragten hatten ein Alter von 16 Jahren oder älter. Außerdem war Voraussetzung, dass sie in den letzten zwei Jahren mit diesen städtischen Ämtern Kontakt hatten. Die Bürger wurden zur Nutzung und Bewertung der Stadtportale befragt. Mehrfachantworten waren möglich.[77]

Vor der Tabelle über die Bewertung der Stadtportale erscheint eine Tabelle über die Verwaltungsdienstleistungen, die auf dem Wege der Interaktion bzw. Transaktion

---

[74] Lindner, Ralf, Politischer Wandel durch digitale Netzwerkkommunikation?, Strategische Anwendung neuer Kommunikationstechnologien durch kanadische Parteien und Interessengruppen, Wiesbaden 2007, S. 110 ff.
[75] Winkel, Olaf, Zukunftsperspektive Electronic Government. In: Aus Politik und Zeitgeschichte, B 18/2004, S. 8
[76] http://www.itas.fzk.de/tatup/023/bewe02a.htm, abgefragt am 15.01.2010; Technologiefolgenabschätzung, Theorie und Praxis, Schwerpunktthema – E-Government: Zwischen Vision und Wirklichkeit, Nr. 3/4, 11. Jahrgang – November 2002, S. 68-81
[77] Dies..

den Bürgern von den jeweiligen Städten angeboten wurden. Dies soll aufzeigen, welche Verwaltungsdienstleistungen überhaupt angeboten wurden.

Karlsruhe	Mannheim
Transaktion	
▪ Auskunft aus dem Melderegister ▪ Kfz-Wunschkennzeichen ▪ Widerspruch zur Übermittlung von Daten ▪ Einzugsermächtigung für die Stadtkasse ▪ Bestellung standesamtlicher Urkunden ▪ Meldepflicht der Wohnungsgeber ▪ Bestellung, Änderung von Abfalltonnen ▪ Verzicht auf die Biotonne	▪ Anwohnerparkausweis ▪ Antrag auf Straßenaufgrabung ▪ Kfz-Wunschkennzeichen ▪ Anmeldung eines Hundes ▪ Führungszeugnis bestellen ▪ Auszug aus dem Gewerbezentralregister ▪ Verlustmeldung eines Ausweises oder Passes ▪ Bestellung von Abfalltonnen ▪ Stadtbücherei: Buchverlängerung, Lieferservice
Interaktion	
▪ Abmeldung von Karlsruhe ** ▪ Anmeldung in Karlsruhe, Ummeldung innerhalb Karlsruhes *** ▪ Antrag einer Gaststättenerlaubnis ** ▪ Gewerbeanmeldung, -abmeldung, -ummeldung ** ▪ Ausstellung, Änderung, Ersatz von Lohnsteuerkarten ** ▪ Ausstellung, Verlängerung der Aufenthaltserlaubnis / Aufenthaltsgenehmigung *** ▪ Fischereischeine *** ▪ Anmeldung einer Lebenspartnerschaft *** ▪ Erteilung, Verlängerung, Erweiterung einer Reisegewerbekarte *** ▪ Feststellung einer Behinderung und Ausstellung des Ausweises ***	▪ Ausweisanträge * ▪ Ummeldung innerhalb Mannheims * ▪ Wohngeld ** ▪ Förderung des Ersteinbaus von Bad / Dusche sowie Maßnahmen zur Energieeinsparung ** ▪ Ausstellung, Änderung, Ersatz von Lohnsteuerkarten ** ▪ Widerspruch zur Übermittlung von Daten ** ▪ Bestellung standesamtlicher Urkunden ** ▪ Befreiung von der Ausweispflicht ** ▪ Meldepflicht des Wohnungsgebers ** ▪ Ausstellung, Verlängerung der Aufenthaltserlaubnis / Aufenthaltsgenehmigung *** ▪ Suche von Fundsachen des Fundbüros

*   Online-Ausfüllen des Formulars und Online- oder Postversand, später persönliche Unterschrift bei der zuständigen Verwaltungsdienststelle

**   Download und Ausdruck des Formulars, Unterschrift und Postversand

***   Download und Ausdruck des Formulars und persönliche (oder bevollmächtigte) Vorlage des unterschriebenen Formulars

[78]

Quelle: Digitales Rathaus zwischen Angebot und Bürgernutzung

Online-Dienstleistungen der Digitalen Rathäuser auf http://www.karlsruhe.de und http://www.mannheim.de

---

[78] http://www.itas.fzk.de/tatup/023/bewe02a.htm, abgefragt am 15.01.2010; Technologiefolgenabschätzung, Theorie und Praxis, Schwerpunktthema – E-Government: Zwischen Vision und Wirklichkeit, Nr. 3/4, 11. Jahrgang – November 2002, S. 68-81

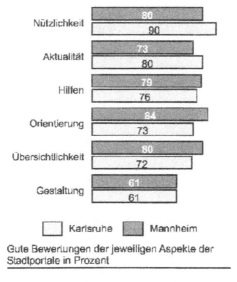

Nützlichkeit	80	
	90	
Aktualität	73	
	80	
Hilfen	79	
	76	
Orientierung	84	
	73	
Übersichtlichkeit	80	
	72	
Gestaltung	61	
	61	

☐ Karlsruhe   ▨ Mannheim

Gute Bewertungen der jeweiligen Aspekte der
Stadtportale in Prozent

Abb. 3: Bewertung der Stadtportale 79

Quelle: Digitales Rathaus zwischen Angebot und Bürgernutzung

Die Stadtportale wurden mit „sehr gut" bewertet. Die Stadt Mannheim erhielt ein
„gut" hinsichtlich der Benutzerfreundlichkeit von 80 % der Bürger (Nutzer). Die Stadt
Karlsruhe erreichte bei der Nützlichkeit sogar einen Prozentsatz von 90. Ein weiteres
Ergebnis des Projektes: Die Bürger erreichten durch die hauptsächliche
Inanspruchnahme der Verwaltungsinformationen im Internet in vielen Bereichen
besonders Zeiteinsparungen und dadurch einen Nutzen, der die Kundenzufriedenheit
erhöhte. Z. B. erzielte das Online-Angebot der Stadt Frankfurt a. Main
durchschnittlich 8,5 Millionen Abfragen p. m. auf ihrem Internetportal (Stand: 2004).
Allerdings nehmen auch hier die Bürger größtenteils das Internet-Angebot auf der
Informationsbasis wahr.[80] Dies zeigt, dass das digitale Rathaus auf der Basis der
Information präferiert wird. Ein anderes Ergebnis des Projektes: Das einzige Manko

---

[79] http://www.itas.fzk.de/tatup/023/bewe02a.htm, abgefragt am 15.01.2010; Technologiefolgenabschätzung,
Theorie und Praxis, Schwerpunktthema – E-Government: Zwischen Vision und Wirklichkeit, Nr. 3/4, 11.
Jahrgang – November 2002, S. 68-81
[80] Bauer, Andreas, E-Demokratie – neue Bürgernähe oder virtuelle Luftblase?. In: aus Politik und Zeitgeschehen,
B 18/2004, S. 3

war, dass von den 1.005 Befragten nur 24 die Möglichkeit in Anspruch genommen hatten, Verwaltungsdienstleistungen per Internet abzuwickeln.[81]

Diese geringen Fallzahlen zeigen, dass der Nutzen für die wenigen Nutzer in keinem Verhältnis zu den angefallenen Kosten steht. Dennoch zeigt die Befragung, dass eine große Kundenzufriedenheit erreicht werden konnte. Von den 24 Bürgern wiederum haben nur 7 Bürger Transaktionen per Internet getätigt, also z.B. ein Formular online an ein Amt geschickt[82]. Der Gesamtnutzen für die Bürger und für die Verwaltung scheint aufgrund der niedrigen Inanspruchnahmequote gering zu sein.

(Anmerkung: Wenn der Nutzen für die Bürger größer gewesen wäre, hätten mehr Bürger die Verwaltungsdienstleistungen per Internet in Anspruch genommen.)

Hier stellt sich die Frage der Akzeptanz. Warum werden Transaktionen so selten in Anspruch genommen? Es ist darauf hinzuarbeiten, die Fallzahlen zu erhöhen. Deshalb wird im Folgenden (Punkt 3.3.) dieser Frage nachgegangen werden.

Ergebnis:
Die Hypothese stimmt.

3.3. Es besteht bei den Bürgern zu wenig Akzeptanz besonders bei Transaktionen

Hypothese: Je mehr eine Verwaltung mit Transaktionen in das Netz geht, desto weniger Akzeptanz erhalten die Maßnahmen von den Bürgern.

Bei der Untersuchung dieser Hypothese wird wie folgt vorgegangen:

a. Die Konzepte der Transaktion und des E-Government werden vorgestellt.
b. Die Frage der Nutzung der Konzepte wird abgebildet und kurz erläutert.

---

[81] http://www.itas.fzk.de/tatup/023/bewe02a.htm, abgefragt am 15.01.2010; Technologiefolgenabschätzung, Theorie und Praxis, Schwerpunktthema – E-Government: Zwischen Vision und Wirklichkeit, Nr. 3/4, 11. Jahrgang – November 2002, S. 68-81
[82] Dies., abgefragt am 15.01.2010

c. Die möglichen Hürden für die Verwaltung und die Bürger müssen aufgezählt und ausgewertet werden. Dies geschieht unter Zuhilfenahme des Aktionsprogramms „Elektronische Bürgerdienste Baden-Württemberg".

d. Das Argument und die Hypothese müssen in Beziehung zu den gefundenen Ergebnissen gebracht werden.

a. Transaktion

Wie bereits durch die Definition der Transaktionen ersichtlich ist, ersparen diese dem Bürger den Gang zur Verwaltung. Die Bürger sollen das Verwaltungsverfahren von der Antragstellung bis zum Bescheid interaktiv über das Internet abwickeln können. Für bisher vorgesehene Schriftformerfordernisse können die elektronischen Übermittlungen von Bescheiden i. V. m. der qualifizierten elektronischen Signatur ermöglicht werden. Die qualifizierte elektronische Signatur ist ein virtueller Ausweis. Dieser besteht aus einem Geheimcode, einer Chipkarte und einer persönlichen Identifikationsnummer[83]. Nur die qualifizierte elektronische Signatur (§ 2 Nr. 3 SigG) kann das gesetzliche Schriftformerfordernis ersetzen. „Mit der Verabschiedung des Signaturgesetzes (SigG) und der Signaturverordnung (SigV) hat der Gesetzgeber die nötigen Rahmenbedingungen geschaffen, die elektronische Unterschrift (Signatur) der eigenhändigen Unterschrift in ihrer rechtlichen Bedeutung gleichzustellen."[84] Im Idealfall soll der Bürger einen Verwaltungsvorgang mithilfe eines Onlinedienstes komplett über das Internet abwickeln können. Voraussetzung dafür ist, dass es dafür einen Onlinedienst gibt und die Verwaltung diesen auch anbietet.[85]

b. E-Government (siehe unter Punkt 3.2.: Genaue Definition)

c. Nutzung von E-Government durch die Bürger

---

[83] Bauer, Andreas, E-Demokratie – neue Bürgernähe oder virtuelle Luftblase?. In: aus Politik und Zeitgeschehen, B 18/2004

[84] http://www.s-trust.de/elektronischesignatur/index.htm, abgefragt am 04.02.2010

[85] www.service-bw.de, abgerufen am 15.01.2010, Elektronische Bürgerdienste Baden-Württemberg (E-Bürgerdienste), Aktionsprogramm der Landesregierung von Baden-Württemberg, Publikation der Stabsstelle für Verwaltungsreform, Stand: 02.06.2008, S. 19

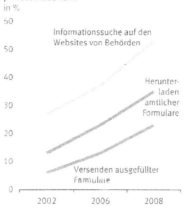

Abb 3.4 Nutzung von E-Government durch private Haushalte
in %

Informationssuche auf den Websites von Behörden

Herunterladen amtlicher Formulare

Versenden ausgefüllter Formulare

2002   2006   2008

Ergebnisse der Erhebung zur Nutzung von IKT in privaten Haushalten. – Anteil an allen Personen, die das Internet jeweils im ersten Quartal genutzt haben.

Quelle: Statistisches Bundesamt, Informationsgesellschaft in Deutschland, Wiesbaden 2009, S. 42

Die Transaktionen, wie z. B. das Versenden ausgefüllter Formulare via Internet, wurden von den Bürgern 2008 zu 23% in Anspruch genommen. Dies ist eine Erhöhung von 17% in den letzten sechs Jahren. Im Jahr 2002 betrug der Anteil an Transaktionen nur 6%. Dennoch werden die Transaktionen vergleichsweise selten genutzt.

d. Hürden

Warum werden die Transaktionen von der Bevölkerung nicht so angenommen wie erhofft? Liegt es an der Akzeptanz der Bürger für solche Produkte? Oder hat dies andere Gründe? Das Konzept der Akzeptanz war im Jahr 2002 in etwa bei der Hälfte der Nutzer gegeben. Dies ergab sich aus der Befragung von Bürgern aus Karlsruhe und Mannheim im Rahmen des Projektes „Digitales Rathaus"[86].

---

[86] http://www.itas.fzk.de/tatup/023/bewe02a.htm, abgefragt am 15.01.2010; Technologiefolgenabschätzung, Theorie und Praxis, Schwerpunktthema – E-Government: Zwischen Vision und Wirklichkeit, Nr. 3/4, 11. Jahrgang – November 2002, S. 68-81

Es stellt sich die Frage: Welche Hürden tauchen auf?

Erste Hürde: Technik, Know-how, Kosten

Bei den Nutzern müssen bestimmte technische Voraussetzungen vorhanden sein, um die Anwendungen problemlos starten zu können (Chipkartenleser und Entschlüsselungssoftware).[87] Hier fallen für die Bürger zuerst einmal Kosten für den Kauf der Signaturkarte an. Auch haben die meisten Bürger zu wenig Know-how und müssen breitflächig für die Nutzung geschult werden. Die Wissensvermittlung, z.b. durch geeignete Schulungen, findet jedoch nicht oder nur in sehr geringer Anzahl statt.[88]

Zweite Hürde: Recht

Im Aktionsprogramm „Elektronische Bürgerdienste Baden-Württemberg" der Landesregierung Baden-Württemberg wurde auf die rechtlichen Grenzen (Hürden) bei Transaktionen hingewiesen. Deshalb wurden die rechtlichen Möglichkeiten für dieses Projekt erweitert, um die rechtlichen Hindernisse zu beseitigen. Das geltende Recht verlangt in einzelnen Rechtsgebieten z. B. das persönliche Erscheinen der Bürger[89]. In einem solchen Fall ist eine elektronische Antragstellung nicht sinnvoll, da sie den rechtlichen Anforderungen nicht genügt. Deshalb mussten verschiedene Gesetze geschaffen und geändert werden. Z. B. wurde das „E-Bürgerdienste-Gesetz" oder das „Elektronik-Anpassungsgesetz-EAnpG" (01.03.2005) geschaffen und das Verwaltungsverfahrensgesetz des Bundes wegen der elektronischen Abwicklung von Verwaltungsdienstleistungen unter Verwendung einer qualifizierten elektronischen Signatur geändert.[90]

---

[87] http://www.deutsche-rentenversicherung-bund.de/nn_20278/DRVB/de/Inhalt/Service..., abgefragt am 23.01.2010
[88] Winkel, Olaf, Zukunftsperspektive Electronic Government. In: Aus Politik und Zeitgeschichte, B 18/2004, S. 12
[89] Ders., S. 13
[90] www.service-bw.de, abgerufen am 15.01.2010, Elektronische Bürgerdienste Baden-Württemberg (E-Bürgerdienste), Aktionsprogramm der Landesregierung von Baden-Württemberg, Publikation der Stabsstelle für Verwaltungsreform, Stand: 02.06.2008, S. 10 ff.

Dritte Hürde: Ungewissheit hinsichtlich der Kosten seitens der Verwaltung

Die Angebotsanteile der Verwaltung sinken mit steigender interaktiver Qualität. Dementsprechend können die zahlreichen Transaktionsmöglichkeiten in vielen Fällen von den Bürgern nicht genutzt werden. Ist das eine Frage der Kosten? Können die Verwaltungen aufgrund der niedrigen Fallzahlen in diesem Bereich nicht kostendeckend oder -einsparend tätig sein? Da in diesem Bereich keine empirisch gesicherten Daten vorliegen oder zumindest veröffentlicht wurden (siehe Punkt 3.1.) muss die Antwort offenbleiben.

e. Bezug zum Argument und zur Hypothese

Die Nichtteilnahme der Bürger an Transaktionen ist deshalb mit folgenden Eigenschaften belegt: Zu teuer, zu kompliziert und zu umständlich. Die mit diesen Eigenschaften geprägte Situation findet nicht die notwendige Offenheit und Motivation der Bürger für diese Produkte.[91] Der Nutzen für die Bürger im Verhältnis zu ihrem Aufwand ist derzeit einfach zu gering[92]. Das Argument, dass bei den Bürgern zu wenig Akzeptanz bei Transaktionen besteht, ist nicht haltbar. Die Akzeptanz ist nach den Aussagen der Bürger generell vorhanden, aber aufgrund der gesetzlichen Hürden (besonders auch des Datenschutzes – was ein Thema für sich darstellt[93]) bisher nur in Projekten erfolgreich realisiert worden. Erst, wenn die Hürden abgebaut worden sind, kann man untersuchen, ob eine ausreichende, kostendeckende Akzeptanz (durch eine größere Fallzahl als bisher) bei den Bürgern erzielt werden kann. Denn: Bei komplizierten Onlineformularen liegt die Arbeit größtenteils auf den Schultern der Bürger. Es ist deshalb die Frage, ob die Bürger en masse die Transaktionsprodukte annehmen werden.

Die Hypothese hat sich als falsch erwiesen.

---

[91] Winkel, Olaf, Betriebswirtschaftliche Steuerung im informationstechnischen Wandel, in: Verwaltung und Management, 14. Jg. (2008), Heft 3
[92] Lenk, Klaus, Organisatorische Potentiale für die Verwaltungsmodernisierung. In: Reichard, Christoph (Hrsg.). Das Reformkonzept E-Government, Münster 2004, S. 42
[93] Scholz, Stefan, Internet-Politik in Deutschland, Vom Mythos der Unregulierbarkeit, Bonn 2004, S. 61

4. Resümee und abschließendes Eingehen auf das Fallbeispiel

Der erste Teil der Arbeit (Punkt 2) zielte auf die Aspekte der Gerechtigkeit ab. Die erste Hypothese (Punkt 2.1.) hat sich bestätigt: Noch ist es so, dass ärmere Bürger das Internet weniger nutzen als reichere. Angebot und Nachfrage werden hier für billiger werdende Technik und Nutzungsmöglichkeiten sorgen. Dies zeigte die Vergangenheit.

Auch die zweite Hypothese (Punkt 2.2.) stellte sich als richtig heraus. Die Bürger mit höherer Schulbildung nutzen das Internet anteilsmäßig häufiger als die Bürger mit niedrigerem Bildungsstand. Das hat mehrere Ursachen: Interesse, Know-how und Benutzerfreundlichkeit von Hard- und Software. Es kann die Prognose gewagt werden, das dies bei den bis ca. 29jährigen später nicht mehr der Fall sein wird, weil deren Anteil nahezu bei 100 % Internetnutzung liegt.

Die dritte Hypothese (Punkt 2.3.) stellte sich als falsch heraus. Alle Bürger haben nicht die Möglichkeit, das Internet nutzen zu können.

Erscheint aufgrund dieser Resultate der Gang in das Internet als gerecht?

Hier muss zuerst definiert werden, was unter dem Konzept der Gerechtigkeit zu verstehen ist. Allgemein bezeichnet der Begriff der Gerechtigkeit das Verhalten eines Menschen oder eine soziale Gegebenheit, die subjektiv als gerecht beurteilt wird. Speziell ist Gerechtigkeit ein zentraler Grundwert und oberstes Ziel des Rechtsstaates.[94]

Im gemeinsamen Sozialwort der Kirchen wird die Gerechtigkeit sinngemäß folgendermaßen definiert: Jedem kommt das Recht zu, die grundlegenden materiellen und immateriellen Möglichkeiten zu haben, um sein Leben in eigener

---

[94] http://www1.bpb.de/popup/popup_lemmata.html?guid=EV028Q, abgefragt am 16.01.2010, Quelle: Schubert, Klaus u.a.: Das Politiklexikon, Bonn 2006

Verantwortung zu gestalten und bei der Gestaltung des Lebens der Gesellschaft mitbestimmen und mitwirken zu können[95].

Die Nutzung des Internets wurde vereinfacht. So entwickelte sich das Internet von einem Hilfsmittel der Wissenschaftler zu einem Kommunikationsmittel für alle. In den Industriestaaten wurde eine „kritische Masse" an Nutzern erreicht. Viele Bürger können es sich deshalb nicht leisten, auf das Internet vollständig zu verzichten. Solange sich im Internet nur wissenschaftliche Informationen befanden, war das Internet für die Bürger unwichtig. Heutzutage informieren fast alle Behörden ihre Bürger über das Internet. Auch die Kommunikation der Verwaltung mit ihren Bürgern schreitet voran. Daraus resultierend ist man ohne Internetnutzung von wichtigen Informationen und Kommunikationswegen abgeschottet. Anders ausgedrückt bedeutet das, dass die Bürger mit Internet-Anschluss einen leichteren und schnelleren Zugang zu Informationen haben als Nichtnutzer. Die Offliner befinden sich zunehmend unter „sozialem Druck".[96] So gesehen, bildet die Realität zurzeit **kein gerechtes** Bild ab. Im Zuge des Ausbaus von Partizipationsmöglichkeiten müssen auch die Internetzugangsvoraussetzungen für **alle** Bürger geschaffen werden[97], damit eine „Zwei-Klassen-Informationsgesellschaft"[98] vermieden wird. Die Entwicklung, dass manche das Internet nutzen können und andere nicht („Digital Divide"), sollte eigentlich verhindert werden.[99] Die Ursachen, dass ärmere Menschen nicht in das Internet gehen können, liegen an den (für manche) zu hohen Kosten, den nicht vorhandenen Anschlussmöglichkeiten und an der „digitalen Kompetenz". Deshalb müssen bestimmte Voraussetzungen gegeben sein, dass Ungerechtigkeiten ausgeschlossen werden können. Die Verwaltungen sollten beim Gang in das Internet

---

[95] Lemke, Matthias (Hrsg.), Soziale Gerechtigkeit? Politikwissenschaftliche und geschichtsphilosophische Interventionen, ein Beitrag von Laumann, Karl-Josef: Soziale Gerechtigkeit, S. 36-41, 2006

[96] Scholz, Stefan, Internet-Politik in Deutschland, Vom Mythos der Unregulierbarkeit, Bonn 2004, S. 42 und 286

[97] Winkel, Olaf, Zukunftsperspektive Electronic Government. In: Aus Politik und Zeitgeschichte, B 18/2004, S. 11; Hoecker, Beate, Mehr Demokratie via Internet?, Die Potentiale der digitalen Technik auf dem empirischen Prüfstand, B 39 – 40/2002, S. 44; BMWi, Info 2000: Deutschlands Weg in die Informationsgesellschaft, Bonn 1996, S. 51; Bundespresseamt (Hrsg.), „Internet für alle" – 10 Schritte auf dem Weg in die Informationsgesellschaft, Pressemitteilung vom 18. September 2002; www.digitale-chancen.de/transfer/downloads/MD110.pdf. Kubicek, Herbert, Vor einer digitalen Spaltung in Deutschland? Annäherung an ein verdecktes Problem von wirtschafts- und gesellschaftspolitischer Brisanz, abgefragt am 05.02.2010; Scholz, Stefan, Internet-Politik in Deutschland, Vom Mythos der Unregulierbarkeit, Bonn 2004, S. 297

[98] Wippmann, Klaus, Editorial. Aus Politik und Zeitgeschichte, B 39 – 40/2002; Scholz, Stefan, Internet-Politik in Deutschland, Vom Mythos der Unregulierbarkeit, Bonn 2004, S. 92

[99] Scholz, Stefan, Internet-Politik in Deutschland, Vom Mythos der Unregulierbarkeit, Bonn 2004, S. 67

ihre Dienstleistungen komplementär in das Netz stellen. Alternativ müssen die Informationen schriftlich angefordert werden können oder in der Behörde ausliegen. Kosteneinsparungen können dadurch zwar nicht voll ausgenutzt werden, es entstehen aber dennoch Kostenminderungen, da die Anzahl der Broschüren und Vordrucke verringert werden kann. Die Behörden sollten für die Bürger vor Ort einen Internetzugang kostenlos zur Verfügung stellen. Werden diese Maßnahmen berücksichtigt, kann **nicht mehr** von Ungerechtigkeit auf der Basis der Information gesprochen werden. In der Realität werden diese Maßnahmen nicht bei allen Behörden berücksichtigt.[100]

Der zweite Teil der Forschungsfrage bezog sich auf die Sinnhaftigkeit. Die Sinnhaftigkeit wird in diesem Sinne definiert als Nutzen für die Verwaltung, die Bürger und die Akzeptanz der Bürger für Verwaltungsdienstleistungen beim Gang der Verwaltung in das Internet.

Das Argument der Kostensenkungen (Punkt 3.1.) konnte nicht untersucht werden. Hier konnte die Recherche zu keinen Ergebnissen kommen, da keine veröffentlicht wurden. Im Auftrag der Friedrich-Ebert-Stiftung wurde ein Gutachten in Auftrag gegeben, das die Möglichkeiten einer Entbürokratisierung und Verwaltungsvereinfachung zum Untersuchungsthema hatte. Die zusammenfassenden Ergebnisse ergaben zwar, dass Einsparpotenziale und Vereinfachungspotenziale vorhanden sind, aber nicht, ob und in welcher Höhe diese mit Kostensenkungen einhergehen. Die Untersuchung hat gezeigt, dass in vielen Lebenssachverhalten noch Potenziale der Verwaltungsvereinfachung und Entbürokratisierung vorhanden sind. Solche Untersuchungen sind notwendig, um Potentiale erkennen zu können und um Entscheidungen für die Politik vorzubereiten und zu erleichtern.[101] Es ist deshalb wichtig, vor dem Gang in das Internet zu untersuchen, welche Verwaltungsdienstleistungen für die Bürger, auf welcher Basis angeboten werden können und sollen.

---

[100] www.sozial.uni-frankfurt.de, abgefragt am 15.01.2010
[101] www.fes-forumberlin.de/Bundespolitik/pdf/FES-Entbuerokratisierung.pdf, abgefragt am 15.01.2010; Fliedner, Ortlieb, Entbürokratisierung auch für die Bürger! Möglichkeiten der Verwaltungsvereinfachung in ausgewählten Lebenssachverhalten, Gutachten im Auftrag der Friedrich-Ebert-Stiftung, Berlin 2008

Die zweite Hypothese (Punkt 3.2.) hat sich als wahr erwiesen.

Ein Auftritt im Internet verbessert die Kundenorientierung, indem die Kundenzufriedenheit erhöht wird. Nach der Untersuchung wurde allerdings festgestellt, dass sich der Internetauftritt fast nur auf reine Informationen und bestenfalls auf wenige Interaktionen beschränkt. Transaktionen wurden zu wenig angeboten und wenn doch, dann von den Bürgern wiederum zu wenig genutzt. Aber gerade in diesem Bereich liegen Kosteneinsparpotentiale verborgen.[102]

Die dritte Hypothese (Punkt 3.3.) hat sich als falsch herausgestellt.

Die Verwaltung erhält nicht weniger Akzeptanz von den Bürgern, wenn sie mit Transaktionen in das Netz geht. Laut Befragungen ist die Akzeptanz bei Transaktionen seitens der Bürger generell gegeben. Die Annahme scheitert – was durch die Recherche festgestellt wurde - an verschiedenen Hürden.[103] Diese Hürden müssen sukzessive abgebaut werden, bevor hier eine Aussage über die Akzeptanz getroffen werden kann. Hier sind die Entscheidungsträger auf allen politischen Ebenen gefragt. Da in diesem Bereich keine Untersuchungen vorliegen, bleibt abzuwarten, ob nach einem eventuellen Abbau der Hemmnisse und der Beseitigung der Belastungen, die Annahme von Transaktionen seitens der Bürger stattfindet.

Die Politik schafft in Deutschland die Rahmenbedingungen. Sie sollte regulierende und normsetzende Indikatoren in Gang setzen: Verschlüsslungen, Standardisierung, Datenjugendschutz, Wettbewerbspolitik.[104] Die Verwaltung sollte durch Analyseverfahren die Kosten- und Nutzenseite vergleichbar machen, damit politische Entscheidungen besser vorbereitet und getroffen werden können als bisher.

---

[102] Siehe unter: www.fes-forumberlin.de/Bundespolitik/pdf/FES-Entbuerokratisierung.pdf, abgefragt am 15.01.2010; Fliedner, Ortlieb, Entbürokratisierung auch für die Bürger! Möglichkeiten der Verwaltungsvereinfachung in ausgewählten Lebenssachverhalten, Gutachten im Auftrag der Friedrich-Ebert-Stiftung, Berlin 2008
[103] Winkel, Olaf, Zukunftsperspektive Electronic Government. In: Aus Politik und Zeitgeschichte, B 18/2004, S. 11
[104] Tauss, Jörg u. a., Deutschlands Weg in die Informationsgesellschaft, Herausforderungen und Perspektiven für Wirtschaft, Wissenschaft, Recht und Politik, Baden-Baden 1996, S. 769 f.

Abschließendes Eingehen auf das Fallbeispiel

Innerhalb der Verwaltung können digitalisierte Daten erhoben, übermittelt, verarbeitet und gespeichert werden. Durch die elektronischen Dokumentenmanagementsysteme ergeben sich z. B. einfachere und schnellere Zugriffszeiten auf die Daten. Bestimmte standardisierte Arbeitsabläufe können so immens rationalisiert und schneller erledigt werden (höhere Effektivitätsgewinne).[105] Die Mitarbeiter im Back-Office Bereich werden dadurch entlastet[106]. Beispielsweise stehen den Bürgern auf dem Internetportal allgemeine Informationen rund um die Uhr zur Verfügung[107]. Die sich ändernden rechtlichen Informationen müssen aber von den Verwaltungsmitarbeitern zeitaufwendig auf den neuesten rechtlichen Informationsstand gebracht werden. Man könnte sich nun überlegen, ob man sich bei Rechtsänderungen zusammenschließt, um diese gemeinsam, aber immer nur einmal für alle, zu aktualisieren[108]. So könnten kosten- und zeitintensive Doppelarbeiten vermieden werden (Organisationsübergreifende Arbeitsteilung).[109]

Der Fachabteilungsleiter ist deshalb aufgefordert, sich mit anderen Verwaltungen zusammenzusetzen und abzusprechen. Ex ante muss überprüft werden, ob sich die Maßnahmen rechnen (siehe Punkt 3.1.!)[110]. Wichtig ist die Nützlichkeit und den Mehrwert des Internets auch im Vergleich zu anderen Medien zu untersuchen. Der potentielle Mehrwert muss deutlich herausgestellt werden. Gefragt sind attraktive Inhalte und Dienste.[111] Wichtig ist auch, die Akzeptanz der Bürger für die Verwaltungsdienstleistungen der Behörden zu erhöhen. Dabei entwickeln sich essentielle Entscheidungsfragen: Welche Behördengänge

---

[105] Winkel, Olaf, Zukunftsperspektive Electronic Government. In: Aus Politik und Zeitgeschichte, B 18/2004, S. 8

[106] Schuppan, Tino, Gebietsreform im E-Government-Zeitalter. In: Verwaltung und Management, Zeitschrift für moderne Verwaltung, 14. Jhrg., 02/2008, S. 68

[107] Winkel, Olaf, Zukunftsperspektive Electronic Government. In: Aus Politik und Zeitgeschichte, B 18/2004, S. 9

[108] Friedrichs, Stefan u. a., „Balanced E-Government": Visionen und Prozesse zwischen Bürgernähe und Verwaltungsmodernisierung. In: Aus Politik und Zeitgeschichte, B 39 – 40/2002, S. 17

[109] Schuppan, Tino, Gebietsreform im E-Government-Zeitalter. In: Verwaltung und Management, Zeitschrift für moderne Verwaltung, 14. Jhrg., 02/2008, S. 72 und 74

[110] Hahn, Dietger u.a., Controlling Heft 2, 1994, S. 75; www.verwaltungsmanagement.at/.../ivm_artikel_pitaf_fhbern_magazin_egovpraesenz_070919.pdf, abgefragt am 14.01.2010, Ihle, Christian u. a., Messung des Erfolges von IT-Investitionen im öffentlichen Sektor. In: Forschung/Analyse – International

[111] www.sozial.uni-frankfurt.de, abgefragt am 15.01.201

sollen per Internet erledigt werden? Die Steria Mummert Consulting hat im Jahre 2005 die Bürger dazu befragt. Die Zustimmung der Bürger für bestimmte Transaktionen lag hier zwischen 70 und 90 Prozent.[112] Die Akzeptanz, das Wollen der Bürger, steht auf der einen Seite. Auf der anderen Seite steht der Nutzen für die Verwaltung. Gezielte Entscheidungen für eine Maßnahmenauswahl, die die wichtigsten Informationen, Interaktionen und Transaktionen beinhalten, müssen ex ante von einer kompetenten Instanz getroffen werden[113]. Es muss vor Beginn einer potentiellen Maßnahme geklärt werden, welche Verwaltungsdienstleistung zu welchem Termin online bereitgestellt werden soll und kann[114]. Dadurch werden eine „unreflektiert optimistische Wahrnehmung"[115], eine Informationsüberflutung und damit eine Unübersichtlichkeit und etliche Enttäuschungen sowohl seitens der Verwaltung als auch der Bürger vermieden.[116]

Ein weiterer Grund, warum die Politik involviert werden muss, ist, dass Zielkonflikte auftreten können. Ein Zielkonflikt ist die Modernisierung der Verwaltung kontra Datenschutz. Die Politik muss den Konflikt auflösen und Gesetze verabschieden, um den Datenschutz den gegebenen digitalen Anforderungen anzupassen. **Hier macht ein Alleingang eines Fachabteilungsleiters keinen Sinn.** Ein weiterer Zielkonflikt könnte darin bestehen, dass manche hauptberuflichen Politiker ihren Machteinfluss auf die Bürger gefährdet sehen. Bei der Telepartizipation können die Bürger an der politischen Willensbildung und anderen wichtigen Entscheidungsprozessen elektronisch mitwirken. Die Probleme treten bei der bestehenden Garantie aus dem Verwaltungsverfahrensrecht, wie z. B. dem Anspruch auf rechtliches Gehör oder dem Recht auf Akteneinsicht auf.

Bei Transaktionen müssten den Bürgern von der Verwaltung bequeme Verschlüsselungsmöglichkeiten angeboten oder zur Verfügung gestellt werden.

---

[112] Pippke, Wolfgang u.a., Organisation, Köln u.a. 2005, S. 201
[113] Friedrichs, Stefan u. a., „Balanced E-Government": Visionen und Prozesse zwischen Bürgernähe und Verwaltungsmodernisierung. In: Aus Politik und Zeitgeschichte, B 39 – 40/2002, S. 12
[114] Hill, Hermann, Electronic Government – Strategie zur Modernisierung von Staat und Verwaltung. In: Politik und Zeitgeschichte, B39 – 40/2002, S. 26 und 31 f.
[115] Winkel, Olaf, Zukunftsperspektive Electronic Government. In: Aus Politik und Zeitgeschichte, B 18/2004, S. 10
[116] Tauss, Jörg u.a., Deutschlands Weg in die Informationsgesellschaft, Herausforderungen und Perspektiven für Wirtschaft, Wissenschaft, Recht und Politik, Baden-Baden 1996, S. 769

Außerdem müssten die Bürger mit Signierschlüsseln ausgestattet werden. Geschieht dies nicht, macht das Angebot von Transaktionen keinen Sinn.

In dem Vermerk steht, dass auf alle gedruckten Broschüren verzichtet werden soll. Hier stellt sich die Frage: Wo liegen die Grenzen der Zumutbarkeit? Solange keine flächendeckende Nutzungsmöglichkeit des Internets gegeben ist, stellt der Gang in das Internet nur ein **komplementäres Angebot** dar[117].

Das Internet ersetzt in den meisten Fällen nicht den Gang der Bürger zur Verwaltung. Dies muss aber das Ziel sein, um den Nutzen auch für die Verwaltung zu maximieren.[118] Im fiktiven Fallbeispiel ist der Vermerk des Abteilungsleiters so nicht umsetzbar. **Seine Unterstellung, dass die Menschen heute mit ihrer Verwaltung in Kontakt treten wollen, hat sich als richtig erwiesen.** Seine Aussage, dass durch den Gang in das Internet Kosten gesenkt werden, ist aber mit einem großen Fragezeichen zu versehen.

Natürlich ist bei solchen weitreichenden Entscheidungen die politische Leitung des Hauses einzubinden. Ohne eine gute Zusammenarbeit zwischen der politischen Leitung und der Verwaltungsleitung ist ein Gelingen des Internetganges zum Scheitern verurteilt. Aus der Sicht des Staates ist die Stellung der Verwaltungsleitung klar. Die Verwaltungsleitung ist der Regierung unterstellt. Sie soll unpolitisch neutral für die Aufgaben der Politik sein.

Der Vermerk hat gezeigt, dass die Verwaltung manchmal versucht politische Entscheidungen selbst zu treffen. Hier wird auch von „Administokratien"(Herrschaft der Verwaltung) gesprochen.[119] Das der Verwaltungsleiter einer anderen Partei angehört als die amtierende Ministerin und die Staatssekretärin ist nichts Verwerfliches, sondern durchaus legitim. In einer Demokratie verabschiedet das Parlament die Gesetze, die allgemeiner gefasst sind. Die Gesetze wiederum lassen

---

[117] Winkel, Olaf, Zukunftsperspektive Electronic Government. In: Aus Politik und Zeitgeschichte, B 18/2004, S. 14
[118] Hill, Hermann, Electronic Government – Strategie zur Modernisierung von Staat und Verwaltung. In: Politik und Zeitgeschichte, B39 – 40/2002, S. 24
[119] Bernauer, Thomas u. a. , Einführung in die Politikwissenschaft, Baden-Baden 2009, S. 384 f.

einen Spielraum für Verwaltungsentscheidungen zu, weil das Detailwissen nur in der Verwaltung vorhanden ist. Dadurch kommt es bei der Umsetzung der Gesetze durch die Verwaltung zu Entscheidungsspielräumen, die die Verwaltung nutzen kann und auch nutzt. Diesen Spielraum können hohe Beamte wie der Verwaltungsabteilungsleiter zu politischen Zwecken nutzen.

Im Fallbeispiel geht der Fachabteilungsleiter zu weit. Eine Abstimmung mit der politischen Leitung wäre zwingend erforderlich gewesen. Der Fachabteilungsleiter soll die politische Leitung bei deren Entscheidungen beraten und nicht selbst die politischen Entscheidungen in Eigenregie treffen. Nur durch die Beratung hätte der Fachabteilungsleiter oder der zuständige Fachabteilungsleiter Organisation einen gewissen Einfluss auf die politische Leitung nehmen können und dürfen. Das ist der eine Aspekt. Der andere Aspekt ist der Grund des Beratungsbedarfs. Dieser liegt darin begründet, dass das Internet ein neues Politikfeld erschließt, das ein Mindestmaß an technischem Wissen voraussetzt, um adäquat sinnvolle politische Entscheidungen treffen zu können.[120] Es ist deshalb auch nicht verwunderlich, „dass die Digitale Spaltung in vielen Bereichen auch aufgrund fehlgeleiteter Mittel und unzureichend fokussierten Maßnahmen weiter zugenommen hat."[121] Lt. Angela Merkel fehlt den meisten Politikern das „Standard-Repertoire in Sachen Internet"[122].

---

[120] Scholz, Stefan, Internet-Politik in Deutschland, Vom Mythos der Unregulierbarkeit, Bonn 2004, S. 103
[121] www.digitale-chancen.de/transfer/downloads/MD110.pdf. abgefragt am 05.02.2010, Kubicek, Herbert, Vor einer digitalen Spaltung in Deutschland? Annäherung an ein verdecktes Problem von wirtschafts- und gesellschaftspolitischer Brisanz
[122] Scholz, Stefan, Internet-Politik in Deutschland, Vom Mythos der Unregulierbarkeit, Bonn 2004, S. 140

Literaturverzeichnis

1) Bauer, Andreas, E-Demokratie – neue Bürgernähe oder virtuelle Luftblase?. In: Aus Politik und Zeitgeschehen, B 18/2004
2) Bernauer, Thomas u. a. , Einführung in die Politikwissenschaft, Baden-Baden 2009
3) BMWi, Info 2000: Deutschlands Weg in die Informationsgesellschaft, Bonn 1996
4) Bogumil u. a., Zehn Jahre kommunale Verwaltungsmodernisierung – Ansätze einer Wirkungsanalyse, in: Jahn u. a., Statusbericht Verwaltungsreform – eine Zwischenbilanz nach zehn Jahren
5) Bundesministerium für Arbeit und Soziales (Hrsg.), Übersicht über das Sozialrecht, Bonn 2009
6) Bundespresseamt (Hrsg.), „Internet für alle" – 10 Schritte auf dem Weg in die Informationsgesellschaft, Pressemitteilung vom 18. September 2002
7) Friedrichs, Stefan u. a., „Balanced E-Government": Visionen und Prozesse zwischen Bürgernähe und Verwaltungsmodernisierung. In: Aus Politik und Zeitgeschichte, B 39 – 40/2002
8) Günig, Rudolf u. a., Entscheidungsverfahren für komplexe Probleme, ein heuristischer Ansatz, Berlin u. a. 2009
9) Hahn, Dietger u. a., Optimale Make - or - Buy - Entscheidungen, erschienen in: Controlling Heft 2, 6. Jg., März/April 1994
10) Hill, Hermann, Electronic Government – Strategie zur Modernisierung von Staat und Verwaltung. In: Politik und Zeitgeschichte, B39 – 40/2002
11) Hoecker, Beate, Mehr Demokratie via Internet?, Die Potentiale der digitalen Technik auf dem empirischen Prüfstand, B 39 – 40/2002
12) Lachmann, Werner, Volkswirtschaftslehre 1, Berlin u. a. 2006
13) Lemke, Matthias (Hrsg.), Soziale Gerechtigkeit? Politikwissenschaftliche und geschichtsphilosophische Interventionen, ein Beitrag von Laumann, Karl-Josef: Soziale Gerechtigkeit, S. 36-41, 2006
14) Lenk, Klaus, Organisatorische Potentiale für die Verwaltungsmodernisierung. In: Reichard, Christoph (Hrsg.). Das Reformkonzept E-Government, Münster 2004
15) Lindner, Ralf, Politischer Wandel durch digitale Netzwerkkommunikation?, Strategische Anwendung neuer Kommunikationstechnologien durch kanadische Parteien und Interessengruppen, Wiesbaden 2007
16) Lorig, Wolfgang, „Good Governance" und "Public Service Ethics", Amtsprinzip und Amtsverantwortung im elektronischen Zeitalter. In: Aus Politik und Zeitgeschichte, B 18/2004
17) Oscar, W. Gabriel u.a., Handbuch Politisches System der Bundesrepublik Deutschland, Oldenburg 2005
18) Pippke, Wolfgang u. a., Organisation, Köln u. a. 2005
19) Pollert, Achim u. a., Das Lexikon der Wirtschaft, Bonn 2004
20) Roedl, Ronald u. a., Bürgerzufriedenheit mit Portalen der öffentlichen Verwaltung – Ergebnisse einer Untersuchung über Zufriedenheitsmodelle und Vertrauensfragen im E-Government, Berlin 2004
21) Schedler, Kuno u.a., New Public Management, Bern u.a. 2006
22) Scholz, Stefan, Internet-Politik in Deutschland, Vom Mythos der Unregulierbarkeit, Bonn 2004
23) Schuppan, Tino, Gebietsreform im E-Government-Zeitalter. In: Verwaltung und Management, Zeitschrift für moderne Verwaltung, 14. Jhrg., 02/2008
24) Tauss, Jörg u. a., Deutschlands Weg in die Informationsgesellschaft, Herausforderungen und Perspektiven für Wirtschaft, Wissenschaft, Recht und Politik, Baden-Baden 1996
25) Weber, Joachim, Controlling im international tätigen Unternehmen: Effizienzsteigerung durch Transaktionskostenorientierung, München 1991
26) Welz, Hans-Georg, Politische Öffentlichkeit und Kommunikation im Internet. In: Aus Politik und Zeitgeschichte, B 39-40/2002
27) Wilkesmann, An welchen Leitbildern orientiert sich die Beratung von kleineren Kommunalverwaltungen, Die Verwaltung 2000
28) Winkel, Olaf, Betriebswirtschaftliche Steuerung im informationstechnischen Wandel, in: Verwaltung und Management, 14. Jg. (2008), Heft 3

29) Winkel, Olaf, Die Kontroverse um die demokratischen Potentiale der interaktiven Informationstechnologien – Positionen und Perspektiven. In: Publizistik, Heft 2, 2001, 46. Jhrg.
30) Winkel, Olaf, Zukunftsperspektive Electronic Government. In: Aus Politik und Zeitgeschichte, B 18/2004

Internetabfragen

1) www.akademie.de/fuehrung-organisation/management/kurse/nutzwertanalyse.../kurs.../kurs-bewerten.html, abgefragt am 21.01.2010
2) http://ftp.jrc.es/EURdoc/JRC48708.TN.pdf, Ala-Mutka u. a., Digital Competence for Lifelong Learning, Policy Brief, Luxembourg 2008, abgefragt am 05.02.2010
3) www.ard-zdf-onlinestudie.de, abgefragt am 25.01.2010
4) www.arnsberg.de/buergermeister/veroeffentlichungen/vorigejahre/kundenorientierung.pdf, abgerufen am 20.01.2010, Stadt Arnsberg, Kundenorientierung und Bürgeraktivierung – der Bürger als Konsument
5) http://www1.bpb.de/popup/popup_lemmata.html?guid=EV028Q, abgefragt am 16.01.2010, Quelle: Schubert, Klaus u.a.: Das Politiklexikon, Bonn 2006
6) http://community.easymind.info/page-76.htm, abgefragt am 20.01.2010
7) www.controllingportal.de/.../Die-Nutzwertanalyse.html, abgefragt am 20.01.2010
8) www.cospa-projekt.de, abgefragt am 22.01.2010, Leipelt, Detlef, Grundgedanken zu Wirtschaftlichkeitsbetrachtungen für den Einsatz von Open Source Software
9) www.destatis.de, abgefragt am 15.01.2010, Statistisches Bundesamt (Hrsg.), Wirtschaftsrechnungen, Private Haushalte in der Informationsgesellschaft – Nutzung von Informations- und Kommunikationstechnologien, Wiesbaden 2009
10) www.destatis.de, abgefragt am 15.01.2010, Statistisches Bundesamt (Hrsg.), Informationstechnologie in Unternehmen und Haushalten 2005, Wiesbaden 2006
11) www.destatis.de, abgefragt am 15.01.2010, Statistisches Bundesamt (Hrsg.), Informationsgesellschaft in Deutschland, Wiesbaden 2009
12) www.destatis.de, abgefragt am 15.01.2010, Statistisches Bundesamt (Hrsg.), Statistisches Jahrbuch 2009, Wiesbaden 2009
13) http://www.deutsche-rentenversicherung-bund.de/nn_20278/DRVB/de/Inhalt/Service..., abgefragt am 23.01.2010
14) www.digitale-chancen.de/transfer/downloads/MD110.pdf, abgefragt am 05.02.2010, Kubicek, Herbert, Vor einer digitalen Spaltung in Deutschland? Annäherung an ein verdecktes Problem von wirtschafts- und gesellschaftspolitischer Brisanz
15) http://europe.eu/legislation_summaries/information_society/si0003_de.htm, abgefragt am 13.01.2010, Künftige Netze und das Internet, Mitteilung der Kommission vom 29.09.2008
16) www.fes-forumberlin.de/Bundespolitik/pdf/FES-Entbuerokratisierung.pdf, abgefragt am 15.01.2010; Fliedner, Ortlieb, Entbürokratisierung auch für die Bürger! Möglichkeiten der Verwaltungsvereinfachung in ausgewählten Lebenssachverhalten, Gutachten im Auftrag der Friedrich-Ebert-Stiftung, Berlin 2008
17) http://www.ib.ethz.ch/teaching/pwgrundlagen/glossar, abgefragt am 18.01.2010, Definitionen von Politikbegriffen
18) www.initiatived21.de, Initiative D21, (N)ONLINER Atlas 2009, Eine Topographie des digitalen Grabens durch Deutschland, Nutzung und Nichtnutzung des Internets, Strukturen und regionale Verteilung, eine Studie der Initiative D21, durchgeführt von TNS Infratest
19) http://www.itas.fzk.de/tatup/023/bewe02a.htm, abgefragt am 15.01.2010; Technologiefolgenabschätzung, Theorie und Praxis, Schwerpunktthema – E-Government: Zwischen Vision und Wirklichkeit, Nr. 3/4, 11. Jahrgang – November 2002 – S. 68-81
20) http://lexikon.martinvogel.de/interaktiv.html, abgefragt am 02.12.2009
21) http://www.phil-fak.uni-duesseldorf.de/mmedia/web/index1.html, abgefragt am 30.01.2010, Geschichte des Internet-Definition von „Internet"
22) http://www.postmoderne-politikwissenschaft.de, abgefragt am 03.02.2010, Wissenschaftstheorie in der Politikwissenschaft
23) www.seo-united.de/glossar/internet/, abgefragt am 30.01.2010

24) www.service-bw.de, abgerufen am 15.01.2010, Elektronische Bürgerdienste Baden-Württemberg (E-Bürgerdienste), Aktionsprogramm der Landesregierung von Baden-Württemberg, Publikation der Stabsstelle für Verwaltungsreform, Stand: 02.06.2008

25) http://www.s-trust.de/elektronischesignatur/index.htm, abgefragt am 04.02.2010

26) http://www.symweb.de/glossar/internet_153.htm, abgefragt am 30.01.2010

27) www.sozial.uni-frankfurt.de, abgefragt am 15.01.2010

28) www.verwaltungsmanagement.at/.../ivm_artikel_pitaf_fhbern_magazin_egovpraesenz_07091 9.pdf, abgefragt am 14.01.2010, Ihle, Christian u.a., Messung des Erfolges von IT-Investitionen im öffentlichen Sektor. In: Forschung/Analyse – International.

29) www.wik.org/.../Conference_Notes_Breitbandschere_dt_2008_06_05.pdf, abgefragt am 19.01.2010, wissenschaftliches Institut für Infrastruktur und Kommunikationsdienste (Hrsg.), „Breitbandschere" – Verlieren ländliche Regionen den Anschluss?, Bonn 2008

30) de.wikipedia.org/wiki/Internetdienstanbieter, abgefragt am 05.02.2010

www.ingramcontent.com/pod-product-compliance
Lightning Source LLC
LaVergne TN
LVHW092353060326
832902LV00008B/993